AVALIAÇÃO DAS APRENDIZAGENS
sua relação com o papel social da escola

Coordenador do Conselho Editorial de Educação
Marcos Cezar de Freitas

Conselho Editorial de Educação
José Cerchi Fusari
Marcos Antonio Lorieri
Marli André
Pedro Goergen
Terezinha Azerêdo Rios
Valdemar Sguissardi
Vitor Henrique Paro

Dados Internacionais de Catalogação na Publicação (CIP)
(Câmara Brasileira do Livro, SP, Brasil)

Avaliação das aprendizagens : sua relação com o papel social da
escola / Claudia de O. Fernandes, (org.). — São Paulo :
Cortez, 2014.

Bibliografia
ISBN 978-85-249-2275-6

1. Aprendizagem 2. Avaliação educacional 3. Educação - Finalidades e objetivos 4. Participação social 5. Professores - Formação
I. Fernandes, Claudia de O.

14-09996   CDD-370

Índices para catálogo sistemático:

1. Aprendizagem : Avaliação : Educação   370

Claudia de O. Fernandes (Org.)

AVALIAÇÃO DAS APRENDIZAGENS
sua relação com o papel social da escola

1ª edição
2ª reimpressão

AVALIAÇÃO DAS APRENDIZAGENS: sua relação com o papel social da escola
Claudia de O. Fernandes (Org.)

Capa: Cia. de Desenho
Preparação de originais: Marcia Nunes
Revisão: Maria de Lourdes de Almeida
Composição: Linea Editora Ltda.
Coordenação editorial: Danilo A. Q. Morales

Nenhuma parte desta obra pode ser reproduzida ou duplicada sem autorização expressa da organizadora e do editor.

© 2014 by Organizadora

Direitos para esta edição
CORTEZ EDITORA
Rua Monte Alegre, 1074 — Perdizes
05014-001 — São Paulo — SP
Tel.: (11) 3864-0111   Fax: (11) 3864-4290
E-mail: cortez@cortezeditora.com.br
www.cortezeditora.com.br

Impresso no Brasil — janeiro de 2021

Dedicamos à memória e à importante e significativa obra de Rubem Alves que muito esteve e estará presente na formação dos educadores no Brasil

SUMÁRIO

INTRODUÇÃO 11

PARTE I
As finalidades da escola
e da avaliação escolar

CAPÍTULO 1
Avaliação classificatória e excludente e a inversão fetichizada da função social da escola
Celso dos S. Vasconcellos 17

    Inversão fetichizada... 18
    Fenômeno recente?.. 22
    Problema só da escola pública 22
    Causas da baixa qualidade.. 24
    Avaliação em foco.. 27
    Postura do professor: por que não se implica?.............. 31
    O desafio da mudança de postura 41
    Referências.. 55

CAPÍTULO 2
Ciclos e seriação: tensões da democratização do Ensino Fundamental
Ocimar Munhoz Alavarse 57

A seriação como construção histórica 60

Seriação e algumas de suas características.. 68

Considerações finais 84

Referências 87

CAPÍTULO 3
Avaliação na escola básica: controvérsias e vicissitudes de significados
Sandra Zákia Sousa 93

Seriação/repetência: noções ainda norteadoras do trabalho escolar?... 95

Avaliação da aprendizagem: com que finalidades?......................... 97

Avaliação da aprendizagem articulada à avaliação institucional? .. 99

Avaliação de desempenho docente como integrante da avaliação institucional? 102

Avaliação de desempenho dos alunos: atenção aos seus limites 105

Abrindo o debate.. 109

Referências 109

CAPÍTULO 4
Por que avaliar as aprendizagens é tão importante?
Claudia de Oliveira Fernandes 113

A inevitável relação entre avaliação escolar e qualidade em educação 114

As formas de organização da escola e as concepções de
avaliação.. 116

Referências... 123

PARTE II
Práticas avaliativas e o cotidiano na escola

CAPÍTULO 5
Entre o diálogo e a *redução*: práticas curriculares e avaliativas

Andréa Rosana Fetzner... 127

A escola, a empresa e o currículo...................................... 131

Incongruências da avaliação externa do desempenho escolar 134

Práticas de avaliação dialogadas....................................... 140

Referências... 142

CAPÍTULO 6
Possibilidades e desafios: percursos e percalços de uma prática avaliativa emancipatória

Igor Helal e *Tiago Ribeiro*... 145

Reflexões para o início de conversa................................... 145

Monoculturas do tempo e do saber: concepções e práticas que
permeiam a ação pedagógica....................................... 148

Intercursos de pesquisa: uma prática avaliativa em construção 152

(In)conclusões: um convite para outras conversas 157

Referências... 158

CAPÍTULO 7
A participação das crianças no processo de avaliar o *aprenderensinar* a ler e escrever: desafio(s) para a prática pedagógica

Carmen Sanches Sampaio, Tiago Ribeiro e Ana Paula Venâncio 161

No cotidiano da sala de aula, desafios ganham vida 163

Dos desafios enfrentados, aprendizados 175

Referências 178

SOBRE OS AUTORES 181

INTRODUÇÃO

Conversas sobre a escola e com a escola

Claudia de Oliveira Fernandes

Este livro surge da necessidade de diálogo entre alguns pesquisadores que, de certa forma, compartilham visões muito semelhantes sobre o papel da avaliação escolar e o papel social da escola. Ele aponta para uma visão positiva da escola, mas a questiona quanto à forma de como hoje ela está organizada. O livro surge também da vontade de produzir textos que subsidiem os professores em suas reflexões acerca de suas práticas avaliativas e de seu papel no exercício de sua profissão e intenta provocar aspectos já tidos como naturais, como a avaliação classificatória e suas práticas, bem como a organização seriada da escola. Em tempos de homogeneização de discursos educativos, sem que estes sejam de fato semelhantes, os capítulos deste livro pretendem, de alguma forma, denunciar tal discurso contemporâneo. Ou seja, o que o conjunto dos textos abarca é a questão fundante da escola, seu papel social e sua relação estreita com a avaliação.

A preocupação apontada no livro diz respeito ao fato de a avaliação, muitas vezes, estar a serviço de uma prática educativa muito pouco emancipatória.

Como tornar a avaliação na escola um momento de aprendizagem e, portanto, emancipatória?

Para tal intento, o livro organiza-se em duas partes: na primeira, são discutidos o papel social da escola, suas diferentes formas de organização temporal e espacial e as diferentes finalidades da avaliação, sua relação estreita com o papel social da escola; na segunda, são apresentadas práticas avaliativas, textos que se fundamentam em pesquisas realizadas no cotidiano da escola.

Os textos são descritivos, analíticos, argumentativos e provocativos. As ideias aqui expressas não devem ser tomadas como verdades, mas sim como possibilidades. O que importa é o papel da reflexão na prática cotidiana do professor.

O primeiro capítulo apresenta o texto do professor Celso Vasconcellos, que procura desvelar a inversão que tem sido feita no papel da escola a partir da avaliação. É um texto provocador, que trabalha para além das dicotomias como também desnaturaliza os aspectos tão comuns e tão danosos às práticas avaliativas. Como ele mesmo escreve: "Sabemos também que por detrás de toda prática sempre há uma teoria, uma vez que a nossa relação com o mundo é sempre mediada simbolicamente. O que queremos é disputar a representação que está subjacente à prática de tantos professores, tirando-lhe a legitimidade e apontando outras possibilidades de compreensão e de intervenção".

O segundo capítulo, escrito pelo professor Ocimar Alavarse, apresenta resultados de pesquisa, em que a organização da escola em séries ou em ciclos traz tensões para a democratização da escola, uma vez que seu papel social é afetado por tais organizações. Essa discussão ajuda nas reflexões sobre as práticas avaliativas, uma vez que elas são afetadas sobremaneira pela escolha de uma ou outra forma de organizar o ensino, o tempo, o espaço, enfim, o sistema escolar.

O terceiro capítulo, da professora Sandra Zákia Sousa, discute as controvérsias e vicissitudes da avaliação na escola. Em tom também provocativo, coloca aos professores indagações que levam à reflexão sobre práticas avaliativas mais ou menos comprometidas com uma escola democrática. A autora afirma que analisar as finalidades da avaliação é hoje uma tarefa primordial para os profissionais da educação.

O capítulo quatro provoca no sentido de indagar o papel que a avaliação tem hoje no cenário educacional, bem como no cotidiano das práticas. A autora Claudia de Oliveira Fernandes nos leva a pensar sobre avaliação numa perspectiva propiciadora de aprendizagens e, por isso, emancipatória. Discute também algumas consequências da utilização dos testes e exames de larga escala no dia a dia das salas de aula, a partir de resultados de pesquisas.

A segunda parte do livro é marcada por reflexões sobre a mesma temática, mas com resultados de pesquisas que olham para o cotidiano da escola e as práticas avaliativas dos professores.

O capítulo cinco, escrito pela professora Andréa Fetzner, traz fundamental reflexão sobre a relação entre currículo, avaliação e função social da educação escolar. Como a autora provoca: "A escola, no sentido que a percebo, não definiria as pessoas que pretende formar, mas *abriria*, a essas pessoas, possibilidades de formarem-se frente à sociedade de que participam, a sua família, e aos seus desejos individuais. De uma forma bastante resumida, posso apontar que, em minhas pesquisas, tenho percebido uma *redução* da escola, no que se refere aos sentidos anteriormente apresentados". Essa redução relaciona-se, na perspectiva da autora, com as políticas educacionais com forte ênfase nas avaliações em larga escala. Para tal, são apresentadas reflexões a partir de um trabalho de campo com alunos de uma escola de Ensino Fundamental.

O capítulo seis escrito por dois jovens mestres pesquisadores Igor Helal e Tiago Ribeiro, relata os percursos e os percalços de uma prática avaliativa que pretende ser emancipatória. Os autores trazem extratos de falas de crianças que pensam sobre suas aprendizagens. Um processo instaurado de autoavaliação provocando a possibilidade de construção de autonomia por parte das crianças.

Carmen Sanches Sampaio, professora da pós-gradução, Tiago Ribeiro e Ana Paula Venâncio, professores pesquisadores da escola de Ensino Fundamental, apresentam no sétimo e último capítulo as possibilidades concretas de uma prática avaliativa que rompe com as amarras da avaliação classificatória, que aponta para a possibilidade de construção de uma cultura da autoavaliação na escola com as crianças e que, portanto, nos afaga. Não poderia ser outro texto para encerrar este livro, pois ele *não escreve sobre* o papel social da escola e sua relação com a avaliação, mas escreve *com a escola*.

Os processos que instauram tentativas de ressignificação da escola a partir de sua reorganização e de suas práticas avaliativas se justificam a partir de alguns princípios que são fundantes para tal propósito: heterogeneidade, diferença, justiça social, compromisso, autonomia e complexidade. Tais princípios são de ordem política, cultural, teórica, social, pedagógica e nos interrogam como profissionais da educação comprometidos com uma educação escolar que cumpra sua finalidade de promover a cidadania entre todos aqueles que passam por processos de escolarização.

PARTE I

As finalidades da escola e da avaliação escolar

CAPÍTULO 1

Avaliação classificatória e excludente e a inversão fetichizada da função social da escola

*Celso dos S. Vasconcellos**

Refletir sobre a avaliação é uma tarefa apaixonante, mas extremamente desafiadora dada a relevância do tema e a complexidade envolvida. Implica desde o seu conceito (existiria uma *essência* avaliativa?) até a questão política (a serviço de que e de quem, de fato, se coloca?), passando por questões como o grau de percepção da sociedade e dos professores em relação ao problema da baixa qualidade da educação, os vícios — ingênuos ou ideológicos — de culpabilizar (busca de *bodes expiatórios*) e, sobretudo, os caminhos para se conseguir superar o fracasso escolar em grande parte de nossas instituições de ensino.

Há o perigo da fadiga discursiva e psicológica: denúncias são feitas há décadas e iniciativas substanciais não são tomadas, o que acaba levando à descrença, ao desânimo. Ou são tomadas iniciativas

---

* Doutor em Educação pela USP, mestre em História e Filosofia da Educação pela PUC-SP, pedagogo, filósofo, pesquisador, escritor, conferencista, professor convidado de cursos de graduação e pós-graduação, consultor de secretarias de educação, responsável pelo *Libertad* — Centro de Pesquisa, Formação e Assessoria Pedagógica (<www.celsovasconcellos.com.br>).

equivocadas: "Vamos, então, fazer mais uma avaliação...", só que com a mesma lógica excludente, utilizando os modismos (ondas *salvadoras*: material didático, tecnologia educacional, construtivismo, projeto político-pedagógico, gestão, letramento, participação da comunidade, Plano de Desenvolvimento da Escola (PDE) etc.).

A divulgação de resultados de avaliações (Saeb, Ideb, Pisa, Enem, Enade) tem trazido dados muito preocupantes sobre a qualidade do ensino no país. Comumente, quando são divulgados esses índices, há algumas reações, mais ou menos inflamadas, mas são apenas espasmos: logo depois, tudo parece voltar ao "normal". Aos poucos, no entanto, parcelas cada vez maiores da sociedade vão tomando consciência de que não deve ser assim: a preocupação com a qualidade da educação deve ser uma constante.

A não aprendizagem dos alunos nos angustia profundamente, pois significa a negação do direito fundamental do ser humano de acesso a determinados elementos da cultura, saberes elaborados (conceituais, procedimentais e atitudinais), a que dificilmente terá acesso fora da escola, pelo menos não de forma intencional, sistemática, crítica, coletiva e mediada, como acontece — ou deveria acontecer — na escola. O fracasso escolar é outra forma de exclusão: a exclusão dos incluídos, já que formalmente os alunos estão no sistema, mas não estão aprendendo, tendo, portanto, boa parte de seu desenvolvimento comprometido.

Inversão fetichizada

Dizer que a função da escola é a aprendizagem de todos parece óbvio, é óbvio, num certo sentido, mas, ao mesmo tempo, é algo revestido por uma inversão fetichizada.[1] O exercício da crítica que é

---

1. Dizemos que determinada realidade está fetichizada quando é revestida por um poder mágico, que lhe atribui um valor independentemente daquilo que de fato é. Uma ilustração: num país periférico, o novo *maître* do restaurante, inexperiente, faz um prato em que a carne fica dura e insossa. Diante do esboço de reação negativa dos clientes, lança mão de um fetiche:

AVALIAÇÃO DAS APRENDIZAGENS

preconizado na formação dos educandos deve ser assumido pelo educador, a fim de desenvolver um novo olhar sobre sua prática. Paulo Freire, na *Pedagogia do oprimido*, já alertava para o fato de que, em razão de seu inacabamento — sua condição de ser não *programado* biologicamente —, humanização e desumanização são possibilidades no devir histórico do sujeito, sendo a desumanização *uma distorção da vocação de ser mais* (1981, p. 48). Nesse contexto, há um elemento muito difícil de ser abordado, uma vez que pode ferir suscetibilidades. Queremos deixar claro que não falaremos de um ou outro professor em particular, mas de toda uma lógica cruel, de uma cultura que perpassa a escola moderna. Sabemos que, para fazer algo equivocado, não é necessário que o sujeito tenha intenção: basta que não pondere com mais cuidado sobre o conjunto de condicionamentos de sua prática ou sobre as possíveis repercussões de sua ação, enfim, basta reproduzir o que está dado. Indo direto ao ponto: *a escola burguesa foi feita para não funcionar!* A falta de resultados, que frequentemente se denuncia, na verdade, é o resultado desejado por aqueles que tiram vantagem de tal situação (*a produtividade da escola improdutiva* — cf. Frigotto, 1999).[2] Fracasso não é fracasso, mas "busca da qualidade" ("O que seria da qualidade de ensino se todos fossem aprovados?");[3] seleção social através da escola não é seleção social, mas "preparação para a vida" ("A vida lá fora está cheia de momentos de tensão, de exames, concursos, disputas"). Desde o momento em que se ofereceu escola para o povo em larga escala (final do século XVIII), a burguesia europeia, a rigor, deu com uma mão e tirou com a outra.

---

afirma que o prato é uma iguaria da culinária francesa; os indivíduos, com mentalidade de colônia, diante dessa "revelação", e embora contrariando o corpo que rejeita o sabor, passam até a elogiar o prato (e ainda se culpam por não terem o fino paladar francês...). Vejam a inversão: até há pouco, o prato não estava bom para o sujeito; agora, é o sujeito que não está bom para o prato.

2. Por aqui podemos adentrar na questão do currículo oculto: aqueles saberes, comportamentos, atitudes e valores que são ensinados pelas práticas, rituais, relações que se estabelecem no interior da escola, embora não constem da proposta curricular e nem sejam assumidos como tais.

3. Se reprovação garantisse qualidade, seríamos um dos países com melhor qualidade de ensino, uma vez que somos um dos campeões mundiais em reprovação...

Só para se ter ideia do que estamos falando, convém fazer algumas contas (a quantificação pode ajudar na tomada de consciência da real dimensão do problema). Imaginemos uma taxa de insucesso (reprovação + evasão) de 10% linearmente distribuída ao longo dos anos (e sem incidir sobre o mesmo aluno). Para cada 100 alunos que começam a 1ª série (agora 2º ano, considerando que no 1º ano não deve haver reprovação), tem-se ideia de quantos deles irão concluir com sucesso a 8ª série (9º ano), oito anos depois? É só calcular: se iniciamos a 1ª série com 100, 90 terminarão com sucesso, indo para a 2ª; terminarão a 2ª série com sucesso 81 e assim sucessivamente. Depois de oito anos, dos 100 que começaram, apenas 43 terminarão a 8ª série com sucesso. Portanto, 57% ficam pelo caminho! E vejam que ter 10% de fracasso parece ser bem razoável, *normal*, na representação dos professores: "Tinha 40 alunos, 36 passaram, está bom, pois atingi a grande maioria". Ocorre que isso se dá todo ano, e não apenas na 1ª série... Só para "perder o sono", é bom saber que, em 2008, segundo o Censo Escolar, a taxa de insucesso escolar não era de 10%, mas sim de 16,2%! Em outros termos, daqueles 100, oito anos depois, apenas 25 (24,3) vão concluir o curso com sucesso. Por mais que se possa atribuir os problemas aos alunos, fica difícil não desconfiar que há alguma coisa de *muito podre no reino da escola*...

Quem é que vai ter coragem de dizer que o "o rei está nu" (cf. Hans Christian Andersen)? Ou seja, que a escola faz o contrário do que diz que faz. Na verdade, quem é que vai ter coragem de afirmar mais uma vez que "o rei está nu", pois, ao longo da história, inclusive recente, muitas vozes se levantaram para dizer isso, mas parece que a maioria prefere esquecer a óbvia, porém incômoda, denúncia do menino.

Seria elementar afirmar que a escola deve se organizar para garantir a aprendizagem de todos. Todavia, quando observamos muitas práticas, o que se depreende é que a escola está organizada para "parecer que funciona" e nem tanto para produzir a efetiva construção do conhecimento e o desenvolvimento humano de todos. Prova disso é o conjunto de empecilhos que são colocados quando se percebe a necessidade específica de aprendizagem de alguns alunos e se começa a buscar formas alternativas de trabalho: uma a uma, as portas vão se fechando: *não* pode atender aluno fora da sala, porque *não* há tempo nem espaço para isso; *não* pode fazer um material extra, porque *não* tem como fotocopiar; *não* pode fazer grupo de estudo/ monitoria, porque *não* tem ninguém para ficar junto como os alunos; *não* pode dispensar os demais alunos, porque *não* se pode deixar de cumprir os dias letivos; *não* pode parar para atender os alunos, porque o professor tem de cumprir o programa; *não* pode dar atenção diferenciada àqueles alunos, porque os pais dos demais reclamam etc. Resultado: é muito comum ficar tudo nas costas do professor, que, por seu turno, acaba, aos poucos, desanimando e entrando no esquema do formalismo, do jogo de cena, do faz de conta. O importante para certos gestores passa a ser exclusivamente não ter professor faltando, ter merenda e conservar a escola em "ordem"; para o professor, passa a ser conseguir "dar" sua aula, cumprir os programas e entregar a papelada exigida pela escola no prazo; para os pais, ter onde deixar o filho e sua aprovação, e, para a sociedade, o indivíduo ter diploma para melhorar as estatísticas. E depois não sabemos por que os alunos não aprendem, estão tão "indisciplinados", e o desenvolvimento econômico e social do país demora tanto...

Indagamos com muito rigor: *A quem, de fato, interessa que as pessoas aprendam?* A quem interessa a escola numa perspectiva libertadora? Será que os indivíduos ou corporações que levam vantagem na exploração do outro, de um povo pobre, doente e ignorante têm interesse que haja um avanço no nível de consciência das massas? Nos últimos anos, cresceu o discurso da valorização da educação (era da informação, sociedade do conhecimento, empregabilidade, formação permanente, educação ao longo da vida, cidade educativa). Todavia, quando analisamos mais de perto, por exemplo, o apoio do empresariado à educação, em muitos casos, o que se vê é o interesse meramente instrumental (pessoas mais qualificadas tecnicamente), culpa e má-consciência (pelo nível de exploração que praticam), medo da crescente violência (a educação seria um caminho de domesticação) ou preocupação com a imagem (o balanço social da empresa tem se revelado um elemento importante no *marketing*). Portanto, pouco tem a ver com a autêntica construção da cidadania. Reconhecemos que existe uma nova visão entre empresários, mas ainda é incipiente e representa um grupo diminuto.

Fenômeno recente?

Alguns educadores consideram o fracasso escolar como um fenômeno recente e atribuem sua manifestação, marcados por um preconceito mais ou menos explícito, ao acesso das camadas populares à escola. Essa visão não se sustenta diante de uma abordagem mais rigorosa. Primeiro, os resultados das escolas particulares, como veremos, estão muito ruins também. Segundo, analisando historicamente, constatamos que a lógica excludente faz parte, digamos assim, do DNA da escola burguesa, de sua estrutura mais íntima. No final do século XVIII e início do século XIX, a classe dominante ofereceu ao povo uma escola que não foi feita para todos. Dois elementos reveladores dessa lógica são a baixa exigência em termos de formação do professor e o currículo disciplinar instrucionista (do qual a avaliação classificatória e excludente faz parte). No Brasil, só para ilustrar, sabemos que os índices de reprovação na 1ª série do Ensino Fundamental ficam na casa dos 50% (isso mesmo, 50%) desde 1936, quando Teixeira de Freitas ajudou a criar o Serviço de Estatística Educacional da Secretaria Geral de Educação (Patto, 1990, p. 1). Portanto, mesmo no chamado "período de ouro" da escola pública brasileira, ela era uma instituição extremamente elitista, excludente, consequentemente, produtora do fracasso escolar.

Problema só da escola pública?

Nas reflexões com os professores, um dos grandes argumentos que costuma ser levantado para a não modificação da avaliação é o "sucesso" das escolas privadas que adotam sistemas tradicionais.

AVALIAÇÃO DAS APRENDIZAGENS

Nada contra a escola particular; ao contrário, ela tem um importante papel social no sentido de ser sempre um contraponto a qualquer iniciativa totalitária dos governantes (Marx, *Crítica ao programa de Gotha*). O que nos preocupa é que a prática pedagógica retrógrada de muitas delas é colocada como modelo (referência), que deveria ser seguido pela escola pública para obter semelhante "qualidade".

Analisemos com mais cuidado. O Saeb (Sistema Nacional de Avaliação da Educação Básica) deixa claro que, na média, a qualidade da escola privada é sofrível; está melhor que a escola pública, mas só um pouco e em patamares muito baixos. Os resultados do Pisa (Programa Internacional de Avaliação de Alunos, da OCDE — Organização para Cooperação e Desenvolvimento Econômico) desmistificaram a imagem que se tenta passar das escolas particulares, como se fossem do "primeiro mundo": na verdade, também os alunos brasileiros de escolas particulares têm ocupado os últimos lugares.

Indagamos: os resultados se devem, com efeito, à proposta educativa dessas escolas ou a outros fatores? Até que ponto tais práticas pedagógicas fazem diferença ou só reforçam a condição de origem social do aluno? Consideremos a realidade dessas escolas:

- Seleção financeira (mesmo que involuntária) por meio do valor das mensalidades, o que acaba excluindo e configurando um quadro de alunos com determinado perfil socioeconômico e cultural, ao contrário da escola pública que atende a todos;
- Exames para admissão de alunos (vestibulinhos — proibidos por lei, mas que continuam a vigorar em muitas instituições), o que mais uma vez é um mecanismo de seleção e exclusão e de configuração do perfil do aluno;
- Fácil acesso do educando a informações fora da escola (em casa, tem contato com revistas, jornais, livros, enciclopédia, TV a cabo, computador, celular, internet e possibilidade de acesso a cinema, teatro, viagens);
- Apoio financeiro dos pais para obter material de estudo;
- Ajuda dos próprios pais no caso de dificuldade de aprendizagem dos filhos;

- Ajuda externa: recurso a aulas particulares ou empresas de aula de reforço; acesso a fonoaudiólogos, psicólogos, psicopedagogos, neurologistas.

Como podemos ver, há uma fortíssima influência da situação da classe social do aluno. Logo, é no mínimo temerário atribuir o *sucesso* dessa escola à qualidade de seu ensino.

Cabe registrar ainda que existem *escolas privadas* e *escolas privadas*, isto é, não se pode fazer uma generalização absoluta. Na verdade, escolas privadas de linha progressista estão, desde há muito, mudando sua ação educativa, servindo, em alguns casos, até de referência para as práticas de Ciclos e de Projetos hoje propostas para as redes públicas.

Causas da baixa qualidade

Como explicar a situação da qualidade sofrível da educação? *Certamente, há aqui mais que a enigmática questão de saber por que Joãozinho não sabe ler* (Arendt, 1997, p. 222). Uma das grandes dificuldades de compreensão é o reducionismo, seja em razão da dificuldade de abarcar a totalidade das possíveis causas, seja pela fixação em alguma delas (*bodes expiatórios*). Nossa intenção aqui é trazer alguns elementos para ajudar o entendimento desse problema tão grave (e tão antigo).

Necessidade de uma visão de conjunto

Os debates nos meios de comunicação sobre a qualidade da educação parecem sofrer da "síndrome do cobertor curto": quando se puxa a reflexão para um lado, esquecem-se dos outros lados do problema. Já dizia o velho Hegel que *a verdade é o todo*. Parece uma casa em reforma em que se acredita que o problema está apenas no encanamento: troca-se o encanamento, mas o chuveiro continua não

AVALIAÇÃO DAS APRENDIZAGENS

funcionando direito. Então, coloca-se de novo o encanamento antigo e troca-se a fiação elétrica. De novo, o chuveiro não funciona. Volta-se a fiação antiga, e vai se consertar o telhado etc. Depois, alguém dá o veredicto de que a casa não tem jeito, que "resiste às mudanças"...

Considerando que o ser humano sempre aprende (cf. o bom senso dos educadores mais sensíveis e as contribuições das neurociências), ao afirmarmos que os alunos não estão aprendendo, queremos dizer que não estão se apropriando daqueles elementos indispensáveis da cultura, ou que não estão aprendendo tudo o que podem e têm direito. Colocamo-nos num plano de constatação de uma realidade constatada pelo próprio professor, pelo professor do ano seguinte, pelas pesquisas sobre analfabetismo funcional, pelos empresários que recebem os egressos do Ensino Superior, pelas avaliações de sistema. Não podemos absolutizar os dados, uma vez que sempre são relativos (o que captam e o que deixam de captar; a forma como foram colhidos e analisados etc.). No entanto, como vemos, são muitos os indicadores que confirmam o problema da não aprendizagem dos alunos. Não estamos julgando sua competência cognitiva (do tipo "os alunos não são capazes de aprender"). Muito pelo contrário, esse tipo de preconceito é que combatemos.

Possíveis causas

Se algo está acontecendo é porque existem condições — objetivas e subjetivas — para tal (tornou-se possível historicamente). *A arma da crítica não pode esquecer a crítica das armas* (cf. Marx, 1989, p. 86). O desafio, portanto, é analisar as condições que geram tal possibilidade. As dificuldades para a alteração da prática educativa são de toda ordem. Muito sinteticamente, são mencionados os seguintes fatores que contribuem para a não aprendizagem dos alunos (e a não mudança da escola):

- **Desmonte social**: crise de valoração, desemprego, violência, exclusão social, intolerância, preconceito, trabalho infantil, consumismo, desorientação e reestruturação familiar. O aluno (e o professor), como ser concreto, sofre o reflexo (não mecânico) de todo esse contexto.

- **Desmonte material e simbólico do sistema de ensino**: escolas funcionando sem condições adequadas de instalações, equipamentos, recursos; classes superlotadas, falta de biblioteca, quadra, laboratório. Por outro lado, há a progressiva queda do mito da ascensão social por meio do estudo; cada vez mais, pais e alunos se dão conta que a escola não cumpre a promessa de garantir um bom emprego, vindo então a fatídica pergunta: "Então, para que estudar?", diante da qual os adultos, que também perderam os *mapas*, os grandes referenciais, têm muita dificuldade de respondê-la.

- **Desmonte objetivo e subjetivo do professor**: a deterioração das condições objetivas (formação, salário, condições de trabalho e valorização social) afeta profundamente a subjetividade do professor, a ponto de ter sido criada uma categoria para explicar tal situação (*mal-estar docente*) ou se aplicar a ele a categoria *Burnout* (*síndrome de desistência*).

- **Currículo disciplinar instrucionista**: a organização do currículo em disciplinas fragmentadas provoca distorções, uma vez que a importância maior é do conteúdo e não do sujeito. A história das disciplinas escolares deixa claro como, com o tempo, a preocupação com o interesse do aluno, que alguns educadores tinham a princípio, dá lugar à preocupação com a constituição da própria disciplina e de seu corpo de especialistas. A existência de um programa a ser cumprido, *custe o que custar*, torna a relação pedagógica artificial, à medida que, além de desprezar a realidade dos alunos, torna-se o verdadeiro objetivo (o meio torna-se o fim). O saber é fragmentado, dificultando a compreensão da realidade, bem como a aprendizagem significativa por parte do aluno. Tal concepção se reflete na fragmentação do cotidiano da escola (organização de horários de 50 minutos de aula para cada disciplina).

- **Avaliação classificatória e excludente**: por mais paradoxal que possa parecer inicialmente, a avaliação que vem sendo praticada por muitas escolas, em vez de ser elemento de qualificação, é fator de não aprendizagem. Isso ocorre porque não abarca o todo (concentra-se na avaliação do aluno), nem se volta sobre si mesma (meta-avaliação), sobre seu caráter classificatório e excludente.

Álibi para não fazer *versus* motivação para transformar

O fato de existirem várias causas para a não aprendizagem não deve nos induzir ao erro de achar que "primeiro é preciso mudar o sistema" para só depois mudar a escola, a prática em sala de aula. São lutas simultâneas, e cada um que assume a condição de sujeito histórico de transformação (e não de objeto) deve atuar *na parte que te cabe neste latifúndio* (cf. João Cabral de Melo Neto), na sua Zona de Autonomia Relativa (ruptura dos limites internos — Vasconcellos, 2009d, p. 222), no seu espaço específico (onde, muitas vezes, só ele tem acesso — exemplo: o dia a dia da sala de aula), ao mesmo tempo em que procura se articular com outros sujeitos que estão na mesma luta em outros espaços, e juntos lutar para mudar as estruturas que negam os avanços da humanização por meio da educação (ruptura dos limites externos).

Avaliação em foco

É incrível como se fala da avaliação escolar: estudos, dissertações, teses, artigos, livros, congressos, reuniões de professores, reuniões de pais, conselhos de classe, conversas de professores, gestores, dirigentes educacionais, governantes, campanhas políticas, pais, alunos, manifestações de rua, jornais, revistas semanais, programas de TV, *sites*, *blogs*, mensagens no MSN, comunidades nas redes sociais, *Twitter*, gibis, filmes, peças de teatro, obras da literatura, pinturas, charges etc. Todavia, parece que, muitas vezes, não se chega ao âmago do problema, e a avaliação continua provocando enormes estragos nas instituições de ensino.

Quando avaliamos a própria avaliação classificatória e excludente, percebemos os seguintes problemas básicos:

- **Desvio dos objetivos**: em vez de se estar preocupado com a aprendizagem, com o desenvolvimento humano, com o crescimento, tudo passa a girar em torno da classificação, da constatação de que determinada realidade está adequada ou não e para-se por aí. No caso da avaliação da aprendizagem, tudo se concentra na nota ou conceito, na aprovação/reprovação, no sancionar (competente/incompetente);

- **Distorção da prática pedagógica**: preocupado com os exames, o docente quer cumprir todo o programa e, para isso, usa a metodologia meramente expositiva e abusa dela. Com conteúdos preestabelecidos sem significado relevante e metodologia passiva, os alunos se desinteressam e surgem problemas de disciplina. Nesse momento, angustiado, o professor acaba usando a avaliação classificatória como arma de controle de comportamento, o que aliena ainda mais a relação pedagógica e realimenta o ciclo vicioso;

- **Questão ética**: a prática da avaliação excludente favorece em muito o tratamento do aluno como coisa; é classificado e, se estiver fora do padrão desejado, é descartado, ainda que com a melhor das boas intenções ("Estamos te reprovando hoje, mas no futuro irá nos agradecer"). Nesse campo, quando se resolve avaliar também os conteúdos atitudinais (participação, interesse, disciplina) com a mesma lógica classificatória, o estrago é ainda maior.

Ao refletirmos sobre os efeitos da avaliação classificatória e excludente, é comum indagarmos sobre o que tem acontecido com os alunos que são reprovados (manifestação mais evidente do problema). Todavia, ainda é pouco, pois, embora o estrago seja fulminante, há também o efeito nos alunos que têm sucesso, que permanecem no sistema. Perguntemo-nos, então, com isenção e rigor:

> Concretamente, o que tem acontecido com o aluno que é submetido sistematicamente à lógica classificatória e excludente da avaliação?

Insistimos no *concretamente*! Portanto, não em termos de intenção, mas de prática histórica; e não com um ou outro aluno (casos individuais), mas do conjunto.

Dada a lógica implementada, o aluno tem como alternativa ser aprovado ou reprovado. Analisemos cada uma das possibilidades:

Quadro 1 ■ Lógica classificatória *versus* consequências para o aluno

POSSIBILIDADES	CONSEQUÊNCIAS PARA O ALUNO
Aprovado	• Por merecimento: conseguiu tirar notas, fazer o mínimo necessário para passar de ano, o que significa adequação ao sistema formal e alienado (descobre que a escola tem um "esquema" e aprende a nele sobreviver — *Imprinting* escolar — Vasconcellos, 2009d, p. 102). • Empurrado: enganado, pois não se apropriou do saber e mesmo assim o sistema o aprovou. • Aprendeu: 1º É uma minoria. 2º Poderia aprender mais em outro esquema (onde não teria que desviar sua atenção para a classificação).
Reprovado	• É colocado nas mesmas condições que produziram o fracasso, sendo levado a novas reprovações (ver o grande número de alunos multirrepetentes). • Evade-se por achar que "não dá para os estudos". • Dá-se bem na repetência: 1º É uma minoria. 2º Tende a se enquadrar no esquema formal (descobre, tardiamente, o "esquema"). 3º Poderia se dar bem melhor por outro caminho (se houvesse compromisso com a aprendizagem efetiva na continuidade do estudo, sem precisar repetir).

A avaliação pode parecer uma prática neutra, uma simples atividade técnica no âmbito pedagógico. No entanto, numa análise um pouco mais atenta, percebemos que sua influência vai muito além, tendo repercussões em várias esferas da existência.

Notem bem: não estamos criticando a avaliação como tal, mas a forma como historicamente tem se dado. No sentido antropológico, portanto, para além das práticas escolares, a avaliação é uma necessidade humana, porque, no processo de produção da existência (já que o ser humano não nasce pronto, nem programado), ao agir, podemos acertar ou errar (nada garante o acerto ou o erro a priori), além da aspiração que todo ser humano tem de ser mais, de se tornar a cada dia uma pessoa melhor. A avaliação ajuda a pessoa a:

- Tomar consciência de seus acertos, o que fortalece sua auto-estima, amplia e consolida sua visão de mundo, amplia seu leque de estratégias de ação (validadas pelo acerto) e prepara novas aprendizagens (ajuda a criar a zona de desenvolvimento proximal — Vygotsky);
- Tomar consciência de seus limites ou erros, o que possibilita a revisão das práticas, dos procedimentos e das atitudes, a fim de superá-los (assumir a responsabilidade por seus atos);
- Perceber suas potencialidades — o emergente, o novo, o que fortalece seu processo de crescimento, sua vocação histórica e ontológica de ser mais (Freire), portanto, quando a pessoa já não se compara com um referencial externo (como no caso do acerto ou erro), mas a si mesma.

A avaliação é uma prática fundamental do ser humano. Ao analisarmos a atividade humana como um todo (Vasconcellos, 2009d), a avaliação não só é uma das sete dimensões básicas (sensibilidade, motivo, projeção de finalidade, leitura de realidade, plano de ação, ação e avaliação), como também se aplica a todas as outras (exemplos: Como anda minha sensibilidade? Tenho clareza de meus objetivos?), além de a si mesma (meta-avaliação — avaliação da própria avaliação). Também quando consideramos a espécie humana, percebemos o papel que a avaliação teve: se nossos antepassados não tivessem

AVALIAÇÃO DAS APRENDIZAGENS

avaliado tudo de forma minimamente correta, hoje não estaríamos aqui para contar história. Da mesma maneira, se não avaliarmos as coisas adequadamente, comprometeremos o futuro das novas gerações (fruto dessa avaliação, cresce a consciência ecológica no sentido de cuidar da nave-mãe, a Terra).

O que mais intriga quando refletimos sobre a avaliação escolar é o enorme descompasso entre a simplicidade de seu conceito na perspectiva libertadora e a dificuldade para colocá-lo em prática. Se, parafraseando Ortega y Gasset, a avaliação é a avaliação e suas circunstâncias, para mudá-la, é preciso mudar a própria avaliação (conteúdo, forma e intencionalidade), mas também suas relações (vínculo pedagógico, instituição e sistema).

Postura do professor: por que não se implica?

Até que ponto o professor tem clareza do grau de gravidade do problema da avaliação? Como entender o que se passa na escola: trata-se do fracasso de um aluno, de outro, de outro, de mais um ou de estruturas objetivas e de construtos subjetivos que produzem fracasso?

O desmonte social, apontado anteriormente, tem consequências muito concretas na aprendizagem dos alunos. Todavia, não podemos ficar limitados a essa constatação, seja no sentido dessa compreensão inibir a busca de formas de superação, seja no sentido de reduzir nossa análise sobre esse fator. Existem elementos que também comprometem a aprendizagem e o desenvolvimento humano e que são específicos do sistema escolar e da própria escola (cf. Zona de Autonomia Relativa — Vasconcellos, 2009d, p. 222).

Sina classificatória

Como explicar a verdadeira sina classificatória que se manifesta em tantos professores? De onde vem o desejo tão forte dos professores de classificar os alunos? De onde vem a defesa tão apaixonada da reprovação? De onde vem a convicção de que a retenção é uma coisa boa (ou, no mínimo, "um mal necessário")? De onde vem a necessidade de reprovar? Por que grande parte do professorado não se rebela com os históricos altíssimos de índices de fracasso escolar? Que coisa é essa que atua em nós no sentido de classificarmos e condenarmos o outro? Por que a dificuldade de ver o outro como um ser diferente de nós ou na condição de um ser que é contraditório? Parece que queremos simplificar: ou o indivíduo é bom ou mau, ou é competente para a aprendizagem ou incompetente, como se não estivéssemos o tempo todo nos fazendo, como se não fosse possível mudar, como se tivéssemos nascidos prontos. Por que isso se dá de forma tão forte no campo da educação escolar, que é aquele que trabalha — deveria trabalhar — justamente com a formação humana a partir da apropriação, da internalização, dos saberes, dos instrumentos histórico-culturais? Na medicina, por exemplo, há o esforço de salvar e preservar a vida, além de cuidar de sua geração. Negamos na prática o fundamento ontológico de nossa atividade: estamos trabalhando a formação de quem, segundo nossa posição prática, não poderia se formar (já está pré/de-formado, de acordo com seus dons naturais, origem genética ou posição social) logo, nosso papel passa a ser não de formadores, mas de simplesmente classificadores: identificar quem é apto ou inapto, quem "vai" ou quem "não vai". Essa sina classificatória pode ser observada:

- ao longo da história da escola elementar (sobretudo a partir do século XVII);
- em diferentes países (embora não atinja todas as culturas, como no caso dos índios);
- em diferentes níveis de ensino (há pressão para iniciar a avaliação mais cedo, logo na Educação Infantil; na prática, acaba existindo de forma velada, com consentimento dos pais, que também são marcados pelo *imprinting* escolar);
- em diferentes condições objetivas (discursos sobre avaliação classificatória muito semelhantes aos dos professores do centro

de Genebra e da periferia de São Paulo — Perrenoud, 1993); professores em boas condições de trabalho na *era de ouro* da escola pública brasileira e, ao mesmo tempo, altíssimos índices de reprovação).

A abordagem que faremos a seguir é extremamente delicada por lidar com valores, representações, visão de mundo, emoções, mitos e sentimentos enraizados. Daí a exigência do maior cuidado e do profundo respeito pelo educador (lembrando sempre da diversidade, que não é algo monolítico, que existem tensões, lutas, movimentos, práticas superadoras) e, ao mesmo tempo, muita coragem para enfrentar a trama de relações.

Assim como se fala do currículo escolar oculto, podemos também analisar o *curriculum vitae occultus*, isto é, a trajetória da internalização inconsciente no sujeito dos elementos da cultura social e escolar. Os pressupostos implícitos (mitos, preconceitos mais arraigados, discursos ideológicos), em estado de *calmaria*, ficam no *porão*, mas diante de situações de turbulência e de desorientação do sujeito, assumem o comando. Quando surgem os problemas e o professor se vê desesperado, em razão da falta de condições materiais e/ou de preparo, emergem os substratos enraizados, os entulhos culturais. O próprio sujeito chega a se surpreender com o que disse, fez, sentiu ou pensou. Os mestres da suspeita (Marx, Nietzsche e Freud — Foucault, 1980) já nos alertavam sobre os mecanismos de condicionamento do comportamento humano, para além da consciência, da razão, das ideias.

Ímpeto classificatório do ser humano

É assustador perceber como a prática de julgar o próximo está enraizada no ser humano, sendo sua concretização na escola apenas mais uma manifestação. Quando questionamos a reprovação, muitos professores afirmam: "É, mas tínhamos que fazer alguma coisa, já que o aluno não estava aprendendo". Parece que reprovar é uma forma — inconsciente — de se livrar da *impureza* e localizá-la no aluno.

Ao que tudo indica, temos uma dificuldade enorme de assumir que *o bem e o mal não estão radicalmente separados* (Ribeiro, 1999); sonhamos com a possibilidade de localizar o mal no outro. Devemos admitir, contudo, que *buscar bodes expiatórios para o horror... é o melhor pretexto para não fazer nada* (idem). Ora, é preciso assumir que essas são realidades contraditórias do nosso ser; o que cabe é reconhecer e procurar canalizá-las da melhor maneira: *Desde Freud, sabe-se que o bom cirurgião é um sádico que achou uma saída adequada, valorizada socialmente, para seu gosto de ver e até produzir sangue* (Ribeiro, 1999). Assim, aquele prazer, que certos professores sentem ao constatarem que, conforme tinham previsto logo no começo do ano, determinados alunos foram efetivamente reprovados, precisaria ser deslocado e encontrado em outra prática, como, por exemplo, o prazer de conseguir localizar qual era exatamente a dificuldade do aluno e de ter ajudado a superá-la; numa outra situação, a raiva que o professor sente pelo aluno com dificuldade de aprendizagem poderia ser canalizada para as estruturas desumanas que desmontam as esperanças, os empregos, as relações sociais, as famílias, bem como os jovens e as crianças, provocando tais dificuldades.

A prática do professor está fortemente marcada por alguns pressupostos, só que, de uma forma mais ou menos consciente, não são assumidos, muito menos explicitados:

- Nem todos os seres humanos são iguais em valor, em dignidade;
- Não há lugar para todos na sociedade;
- Nem todos são capazes de aprender;
- Nem todos merecem o ensino que a escola oferece.

Ora, qual a decorrência de tais pressupostos? Caberia à escola a *nobre* tarefa de selecionar, separar os aptos dos inaptos, os puros dos impuros? Enquanto o indivíduo achar que existem pessoas de categorias diferentes, a avaliação classificatória e excludente vai ter campo fértil para permanecer no interior da escola.[4] Nesse âmbito é que se manifestam os preconceitos: o professor parte para a avaliação já sabendo onde está o problema: no aluno (ou em sua família), sobretudo determinados tipos de aluno (pobres, de periferia, negros, mulheres, nordestinos, homossexuais), que costumam ser rapidamente rotulados, estigmatizados.

Se fosse a classe dirigente que defendesse tais pressupostos, embora não concordássemos, deveríamos admitir sua coerência, por preservar seus interesses. No entanto, localizamos essas representações em professores que têm uma situação de classe muito próxima à do aluno... Mais uma vez: o oprimido hospedando em si o opressor. A questão de fundo é, portanto, ideológica.

O drama é que a avaliação classificatória no interior da escola possibilita a manifestação dos sentimentos mais obscuros e mesquinhos. Vejam bem, não foi a avaliação que inventou tal visão ou colocou tais sentimentos nos sujeitos; isso, muito provavelmente, já estava dado por todo um processo de inserção cultural. A avaliação classificatória apenas permite sua expressão no interior da escola. É claro que, com o tempo, pode acabar até reforçando as convicções prévias. Por isso é que dizemos que mudar a avaliação, ao fim e ao cabo, é mudar a sociedade!

Queremos deixar claro que não estamos defendendo a mera aprovação dos alunos, pois, tanto quanto sua face complementar na classificação (a reprovação), não leva ao essencial que é a aprendizagem, a formação humana. Enfatizamos: a nossa tarefa na escola não é (não deve ser) aprovar ou reprovar e sim garantir as condições para a efetiva aprendizagem e desenvolvimento de todos!

Pelas colocações precedentes, no entanto, fica evidenciado o tamanho do problema que estamos enfrentando, uma vez que a avaliação meritocrática faz parte do caldo de cultura ocidental há

---

4. Podemos ilustrar tal visão com a fala de uma diretora de escola pública: "Se é que se pode chamar de lar onde dormem (referindo-se aos alunos); não têm nem sequer algo parecido com aquilo que chamamos de *nossos lares*. O *tipo* de pessoa que estamos trabalhando é muito diferente" [grifos nossos].

milhares de anos. Mas não podemos nos conformar com o que está dado. É preciso resgatar a possibilidade de que o mundo pode ser diferente!

Sobre a resistência do professor em relação à mudança da avaliação

Há um apelo ético do professor na defesa que faz da reprovação, que não pode ser desprezado: não quer enganar o aluno; não quer baixar o nível do ensino; considera que é preciso fazer algo diante do fato de o aluno não estar aprendendo; quer preparar o aluno para a vida; não quer ser enganado por um jogo de interesses de determinados grupos políticos. Assim sendo, não podemos desprezar, simplesmente desqualificar a preocupação do professor. Tais preocupações podem ser um ponto de apoio. Trata-se de redirecioná-las!

A simples defesa do fim da reprovação e, por consequência, a bandeira da mera aprovação/empurração cria um clima de afrouxamento ético, o que não é, com certeza, bom para o avanço da luta pela democratização do saber. O professor não pode perder o brio, o senso ético e, consequentemente, a responsabilidade por seus atos.

Entendemos que o professor tem um papel decisivo no processo de mudança da avaliação, pois ele é que irá coordenar o trabalho concreto no chão da sala de aula. Há, no entanto, o perigo de, ao se apontar a centralidade do professor na mudança, esquecer-se de analisar seu contexto objetivo, partindo-se para um ataque feroz de suas contradições e limites. É fácil acusar o professor, dizer que não quer mudar, que é resistente. Por aí, nos parece, não vamos muito longe. É preciso compreender essa *resistência*, qual seja, ter em conta a complexidade de condicionantes da prática docente:

- São mais de 200 anos de lógica classificatória e excludente na escola como sistema, de uma avaliação com caráter nitidamente político (controle de acesso a oportunidades) e ideológico (convencimento da própria culpa pelo fracasso);

AVALIAÇÃO DAS APRENDIZAGENS

- São mais de 10 mil anos de exclusão social ("Sempre foi assim");
- Muitas vezes, o professor fica na condição de objeto ("Pacotes são jogados *goela* abaixo");
- O professor sente-se desrespeitado, com seu território invadido ("Minha palavra agora não vale mais; eu sei que o aluno não pode passar, mas tenho que mandá-lo para a série seguinte");
- Teme o desinteresse dos alunos que poderia ocorrer com a mudança da avaliação;
- Concretamente, a sociedade "lá fora" está cada vez mais seletiva ("Só os melhores dos melhores vão sobreviver"). Argumenta com os concursos que o aluno vai ter de enfrentar na vida ("Palavras bonitas, mas...");[5]
- Objetivamente, a situação em sala de aula (na escola e na sociedade) está muito difícil ("Mesmo que quiséssemos mudar, não teríamos como, dadas as condições de trabalho").

É importante colocarmo-nos na perspectiva do professor e procurar compreender sua lógica de ação. Podemos ver aqui uma metapedagogia: procurar ter com o professor a mesma postura que desejamos que tenha em sala de aula em relação ao aluno, qual seja, partir de sua realidade, de seus conhecimentos prévios. Caso contrário, haverá justaposição, mas não interação, ou seja, o professor pode até reproduzir o novo discurso, porém, na sala de aula, continuará fazendo o que sempre fez.

Existe certa dificuldade de os dirigentes se colocarem no lugar do professor. A julgar pelas manifestações de alguns: parece que os professores fazem o que fazem porque querem, porque decidiram conscientemente; o professor seria um ser acomodado, deformado, resistente, que quer o mal do aluno. Há segmentos entre os técnicos de secretarias de educação, pais, alunos e pedagogos que apontam

---

5. Nos encontros de formação, este costuma ser um argumento *fatal*, recebendo inclusive, não raras vezes, aplausos do grupo.

para o problema de a avaliação estar sendo mal utilizada pelos professores (que seriam os grandes "culpados"). No entanto, quando temos contato com o professor, encontramos um ser fragilizado, cheio de boas intenções, que mal sabe o que está fazendo, que está "atirando para todo lado" para ver se sobrevive num momento tão difícil como o atual. Podemos indagar: quem está mentindo: o aluno que diz que avaliação é um monstro ou o professor que diz que quer o bem do aluno? Essa é uma pergunta mal colocada, pois não é questão de mentira, visto que não se trata de uma questão moral. São duas percepções diferentes do mesmo fato.

O professor está bem intencionado, mas cabe a interrogação: a boa intenção está baseada em quê? Qual seu fundamento, como foi construída? Esse "bem querer" é histórico, portanto, condicionado, influenciado por justificativas que são afirmadas tantas vezes e com tal convicção que acabam sendo incorporadas.[6] Está querendo o melhor para o aluno, mas o caminho percorrido pode estar equivocado, comprometido por esses condicionamentos. A título de ilustração, podemos nos distanciar um pouco — é sempre mais fácil a análise do que não é tão próximo — e considerar o professor do século XVI, que fazia o que fazia (ensino rígido, distante da realidade, com base na mera transmissão etc.) com a melhor das intenções: a criança era considerada um ser frágil, que precisava ser orientado; o mundo "lá fora" era mal, devendo ficar afastado; as informações, sendo transmitidas pelo professor (sem a participação dos alunos), não corriam o risco de serem distorcidas etc. (Snyders, 1977).

Muitas vezes, diante de qualquer esboço de crítica, os professores já acionam o discurso: "É sempre culpa do professor! Lá vem mais um acusar o pobre do professor" etc. As críticas não são todas iguais; é preciso distingui-las. Há, de fato, uma crítica de cunho neoliberal que esquece todas as variáveis e coloca todo o problema nas costas do professor. Forma-se mal, paga-se mal, desrespeita-se o docente, lota-se a classe, não se oferecem instalações e equipamentos adequados, e

---

6. Nietzsche: As verdades são mentiras que os homens se esqueceram que ela assim o são (cf. *sobre verdade e mentira no sentido extramoral*).

depois se diz que a responsabilidade pelo fracasso é do professor. Essa é uma crítica equivocada. Só que, para se livrar dela, criou-se entre os professores uma espécie de *escudo protetor invisível*, em que qualquer problema apontado já toca o alarme e o escudo de defesa baixa, acusando quem formulou o problema. Ora, ninguém está acima de qualquer suspeita, nem o dirigente, nem o profissional da mídia, nem os pais, nem os autores de livros e artigos de educação, nem o professor. Existem contradições que são nossas. Não se trata de fazer do professor um vilão, nem uma vítima. Ele, como qualquer outro sujeito, é contraditório, está envolvido em processos de alienação que urgem ser rompidos, caso queiramos construir algo melhor na escola e na sociedade.

Por que muitos professores não se envolvem com o grave problema da qualidade da educação, seja em sua produção, seja em sua superação (não se percebem como parte do problema ou como parte da solução)? Levantamos as seguintes hipóteses explicativas:

1) Não percebem o problema.

- Não têm noção da real dimensão do problema (da quantidade de alunos que fracassam no sistema de ensino como um todo, uma vez que sua referência é apenas sua sala de aula).
- Consideram a situação "natural" (ingenuidade; reflexo do *imprinting* escolar: desde que começaram o Ensino Fundamental viram isso acontecer consigo mesmo ou com os colegas).
- Estão alienados (sobrecarregados de trabalho ou demissionários — só esperando a aposentadoria ou alguma oportunidade para cair fora do magistério).
- Carregam o mecanismo de defesa (do ponto de vista psicológico, seria muito ameaçador o professor perceber o problema e, sobretudo, envolver-se com ele).

2) Percebem, mas...

- Estão marcados por justificativas ideológicas para o fracasso do aluno: o problema existe, é serio, só que não é seu e sim do aluno e de sua família.

- Acham que não podem fazer nada: estão limitados pelas condições, pela legislação, pelos pais, pelos colegas, pela direção, pelo sistema.
- Consideram que já estão fazendo "tudo o que está a seu alcance".
- Não querem "colocar areia no caminhãozinho" do partido da oposição que está no governo: procurar fazer um bom trabalho seria "dar pontos" para a oposição. Em alguns municípios, há dois grandes grupos políticos que se matam ou revezam no poder; os professores se dividem e, evidentemente, a qualidade da educação nunca avança em razão de interesses partidários (esses mesmos pseudoprofessores enchem a boca para falar mal da "corrupção em Brasília").
- Estão ressentidos, enciumados: alguns professores estão tão envolvidos com suas questões, que simplesmente perdem a referência do aluno, não conseguem vê-los; chegam a sentir ciúmes do cuidado da mantenedora com os educandos[7] (esquecendo-se de que a mudança de sua situação está estreitamente ligada ao significado de seu trabalho junto aos alunos).
- Só estão ali "de passagem" (ser *versus* estar professor), não se envolvem com a situação porque estão esperando a transferência para outra escola, para outro cargo ou outro emprego.

3) Não é problema, mas solução.
- Por meio da reprovação, a escola estaria simplesmente cumprindo sua função social de selecionar os que são aptos para a aprendizagem.

---

7. "Em relação ao aluno o que se diz? Ah! Coitado! O pobre tem problemas, os pais são separados, a mãe não dá atenção. Mas, e comigo? Quando eu tenho problemas, a diretoria não está nem aí para a minha dor" (retirado de um *site* de discussão sobre a educação, numa capital da região Sudeste do país).

O desafio da mudança de postura

As reflexões sobre a forma de avaliar, a montagem dos instrumentos e o conteúdo da avaliação podem provocar debates apaixonados, seduzir-nos e, ao mesmo tempo, desviar-nos da questão nuclear da avaliação.

Colocando a ingenuidade em suspensão

O professor, como intelectual, não pode ficar no estágio do senso comum.[8] Precisa ir além, ver a lógica subjacente aos processos educativos. Até quando vamos ouvir colegas dizendo que "o aluno não deve se preocupar com a nota", ou que "a nota é uma decorrência natural da aprendizagem"? Enquanto existir o sistema classificatório e excludente, quem de nós pode dizer tranquilamente para os alunos não se preocuparem com a nota/conceito? Embora esse seja nosso desejo, não podemos abstrair um fato concreto: se, no final do semestre ou do ano, não tiver determinada nota, conceito ou parecer, simplesmente ficará retido! "Ah, mas o aluno que sabe demonstra isso na avaliação." Não necessariamente. Façamos uma analogia bem simples: "Tem o mesmo significado para um sujeito caminhar sobre uma tábua de 30 cm de largura apoiada no chão, ou caminhar sobre ela a 10 m de altura?". Quando o que está em jogo é seu futuro acadêmico, quando as consequências do erro têm repercussões totalmente diferentes, as práticas também adquirem significados radicalmente outros. Alguém poderia argumentar: "Mas, na vida, o indivíduo terá de andar a 10 m". Ora, se assim for: 1) Na escola, que se ensine a andar em alturas maiores, porém paulatinamente, com orientação e com redes de proteção (se usarmos o critério de andar a 10 m de altura sem rede com as crianças, muitas sequer chegarão à vida adulta,

---

8. A menos que seja o senso comum resultado da dupla ruptura epistemológica a que se refere Boaventura Santos (1995, p. 45).

pois terão sucumbido antes); 2) Na sociedade, enquanto ainda existir essa exigência, que sejam construídas redes; 3) Simultaneamente, se forje o fundamental e urgente ideal de mudança! Que se lute para que essa realidade que põe em risco a integridade da pessoa seja modificada (tal postura é muito diferente do simplesmente se acomodar em nome do que está dado).

Desde sua gênese como instituição universalizada para o povo (final do século XVIII), como vimos, a escola incorpora uma forma de organização que traz embutida a lógica seletiva: assume-se que a tarefa do professor é transmitir o conteúdo e medir sua retenção pelo aluno, tendo subjacente a concepção de que nem todos são capazes ou merecedores, que alguns "vão" e outros não (de acordo com sua *livre iniciativa*, em consonância com o ideário liberal então emergente). A escola destina-se, "obviamente", "aos que vão". Vejam que o problema maior não é a tentativa de quantificar o grau de aprendizagem; a questão é: como a medida é obtida e, sobretudo, o que vai se fazer com ela (qualificar ou excluir). Se a escola fosse concebida como espaço de formação de todas as pessoas, de todos os cidadãos, se estivesse voltada para produzir aprendizagem e não seleção, certamente teríamos outra configuração de suas práticas. Hoje, pesam como lastro mais de 500 anos de tradição nesse equívoco.

Assim, a própria organização *seriada* do sistema de ensino, pautada pela equação exame + reprovação = repetência, já revela esse substrato: a aceitação da ideia de que nem todos podem aprender. Cada série é um "estágio" onde, ao ato de depósito por parte do professor, espera-se a contrapartida, a devolução por parte do aluno de determinada quantidade de conteúdo na prova (pedagogia bancária — cf. Freire, 1981). Com o tempo, essa lógica naturaliza-se, é incorporada por todos, a ponto de o professor, com relativa tranquilidade e com a melhor das intenções (com receio de que não acompanhem o estágio seguinte), reprovar um número significativo de alunos, ou mesmo de a reprovação ser defendida por pais e, pasmem, alunos! Aqui a lição da *Pedagogia do oprimido* emerge mais uma vez:

AVALIAÇÃO DAS APRENDIZAGENS

trata-se do oprimido hospedando o opressor. A lógica seriada rompe com qualquer visão elementar de continuidade do processo de aprendizagem (e desenvolvimento).

Observamos que, muitas vezes, as escolas chegam a avançar mais — pelo menos por certo período — na mudança de metodologia de trabalho em sala de aula (que a nosso ver é muito mais importante) do que na mudança da avaliação. São os mesmos alunos, os mesmos professores, as mesmas comunidades e a mesma sociedade, no entanto, avança-se mais aí do que na avaliação.

Confronto de intencionalidades

Mais dia, menos dia, o educador que se aprofunda nos estudos da avaliação terá de se confrontar com a decisiva questão de sua intencionalidade, com aquele costume secular de aprovar ou reprovar aluno no final do ano. Para alguns, essa é apenas mais uma questão da avaliação. Para nós, é questão nuclear, justamente porque aqui se manifesta todo o sentido do ato de avaliar. A repetência está no sistema de ensino há tanto tempo que se tornou natural. Mas não é natural; é um construto histórico-cultural peculiar. Vejam, na vida humana concreta, em que situação se faz aquilo que a escola faz com a repetência, qual seja, a repetição de tudo para se corrigir um erro numa parte? Pois é assim que a escola tem funcionado: o aluno passou em tudo no 6º ano, menos em Matemática. Irá, então, rever os conteúdos específicos em que está com dificuldade? Não! Repetirá todo o 6° ano! Essa é uma prática tipicamente escolar, é um dispositivo da forma escolar, de sua cultura. Qual o problema disso? Vários; um deles é que, enquanto existir a possibilidade de reprovação, não se tocará na questão fundamental da prática pedagógica, naquilo que está sendo proposto aos alunos em sala de aula, na própria estruturação da escola, enfim, no currículo. Propõe-se algo equivocado para os alunos; eles reagem, não aceitam. Em vez de irmos fundo na análise para perceber a pertinência ou não dos conteúdos, metodologias, formas de relacionamento, encontramos a arma da avaliação como forma de enquadrá-los, controlá-los e, sobretudo, culpá-los (isentando-nos de qualquer responsabilidade). Quando não temos a repetência como alternativa, desistimos do magistério por não suportarmos a inadequação do trabalho ou somos obrigados a repensar toda a nossa proposta de ensino.

Avaliar para tomar consciência dos avanços e compreender (e superar) as dificuldades dos alunos (e de outros agentes educativos) são aspectos que deveriam ser óbvio. Deveriam... Todavia, a sociedade coloca uma tarefa seletiva para a escola e os professores: assumi-la sem se dar conta. A incorporação desse papel é tão forte que, quando dirigentes educacionais propõem o fim da lógica classificatória, mais precisamente da reprovação, há professores que ficam totalmente desorientados, sentindo-se desrespeitados, perguntando por que acabar com a reprovação, sendo que, provavelmente, nunca se perguntaram por que ter reprovação, já que, pelo menos no discurso, a escola é o espaço na sociedade em que as pessoas vão para aprender de maneira sistemática e crítica.

A ida da criança para a escola é considerada tão importante que há leis obrigando os pais a mandar os filhos para lá, com punição até de prisão no caso de descumprimento de tal determinação. Mas o que chama a atenção é que as crianças podem ser reprovadas na escola! Vejam que interessante: a sociedade obriga-as a ir e, em vez de a escola se preparar para trabalhar com as crianças que recebe, não, diz: "Esta serve, aprovada", "Esta não serve, reprovada". Não é muito estranho isso? (neste momento, alguns leitores podem estar um tanto incomodados; devo confessar que, por muito tempo, também defendi essa lógica classificatória, até porque foi com ela que convivi desde que, criança, entrei na escola... — *imprinting* escolar).

Entendemos que a criança não vai para a escola para ser aprovada ou reprovada, e sim para ser ensinada, qual seja, para aprender efetivamente aquilo que esta mesma sociedade — que autoriza reprová-la (vejam que não se trata de uma opção individual do professor — há uma estrutura) — afirma ser importante aprender. Essa mudança

AVALIAÇÃO DAS APRENDIZAGENS

do olhar é a base de uma educação que se quer inclusiva, verdadeiramente inclusiva.

Como saímos dessa?

Pela complexidade do problema, não devemos esperar saídas simplistas, reducionistas. Como diz o ditado africano: *É preciso toda uma aldeia para se educar uma criança*. A prática das escolas que fazem diferença deixa muito clara a necessidade de se mudar as estruturas e as pessoas, as pessoas e as estruturas (movimento dialético). Essa ideia, aparentemente tão simples, é de difícil assimilação em razão da tradição do pensar dicotômico, em que se valoriza um aspecto ou (exclusivo) outro.

A reversão do quadro de fracasso passa necessariamente por algumas exigências básicas.

1) Externas à escola
- Formação (inicial e continuada)
- Salário/plano de carreira/concurso
- Condições de trabalho (trabalho coletivo constante, número de alunos, instalações e equipamentos, quadro funcional completo, material didático)
- Família assumindo suas responsabilidades na educação dos filhos
- Valorização social da escola e de seus profissionais.

2) Internas à escola
- Revisão das práticas e posturas dos profissionais que atuam na escola.

    Sim, há uma parte que nos cabe! Por mais que todas as medidas externas sejam tomadas, quem vai estar no cotidiano do processo de ensino-aprendizagem será o professor. Tem, portanto, um papel fundamental, pois atua no núcleo do processo de ensino-aprendizagem; tem interesse pessoal na mudança, já que não está fácil seu trabalho; está em todo lugar (capilaridade, poder de rede); pode agir intencional, sistemática e coletivamente.

A ação inovadora do professor depende, antes de tudo, de seu querer. O *querer* é decorrente da *necessidade* e/ou do *desejo*. Por um lado, o professor tem seu desejo pouco provocado na medida em que, em razão da frágil formação, seu contato com as grandes obras pedagógicas é muito restrito (comumente tem acesso aos comentadores e não diretamente aos clássicos); da mesma forma, pouco conhece das práticas inovadoras que estão em andamento no mundo e no país. Por outro lado, não sente muita necessidade de mudança de sua prática por avaliar-se positivamente (pesquisa do Ibope publicada pela revista *Nova Escola*, de novembro de 2007, informa que 90% dos professores estão satisfeitos com a própria didática, embora 70% apontem o problema do desinteresse dos alunos e 69% o da indisciplina).

Os dados do Ibope apontam ainda para outra percepção do professor: se os alunos não estão aprendendo, o problema não é seu, já que sua didática é boa. Como analisamos, as justificativas ideológicas para o fracasso do aluno (atribuindo a ele e/ou às famílias a responsabilidade) o colocam fora do problema.

Explorando a zona de autonomia relativa

Diante da tão comum crítica aos alunos e às suas famílias em razão dos problemas na aprendizagem ou na disciplina; diante do famigerado discurso "Já fizemos tudo o que estava ao nosso alcance", podemos perguntar:

- Será que a Escola fez a "lição de casa"?

  Tem projeto político-pedagógico (PPP)? É efetivo ou só no papel? No PPP, há o Projeto Disciplinar? O regimento está coerente com o PPP? Os pais participaram da construção do PPP? Os pais receberam o PPP na matrícula? Há unidade de linguagem e de ação entre direção, coordenação, professores e funcionários? Há trabalho coletivo constante para comunicação, reflexão e tomada de decisão coletiva? Há trabalho sistemático com os representantes de classe? A escola se abre para a comunidade? Há formação de hábitos e internalização dos valores desde os anos iniciais de escolarização? Trabalha-se desde cedo com sanção por reciprocidade? A escola chama os pais "por qualquer motivo"? Foi feita uma revisão do currículo disciplinar instrucionista? Encaminha-se ao Conselho Tutelar por qualquer coisa? A proposta disciplinar da escola foi apresentada claramente aos pais nas reuniões de início de ano? Os melhores professores são colocados nos anos iniciais? Há permanência do coletivo de educadores ou alta rotatividade? A direção respalda o professor e lhe dá apoio nos casos de conflito? Os banheiros dos alunos têm espelho? Foram feitos estudos sobre a disciplina para suprir a falha da formação acadêmica nesse campo? Há assembleia de escola periódica? Há grupos de trabalho com pais? Há Associação de Antigos Alunos? Há grêmio? O Conselho de Escola é operante? Os alunos têm voz e vez?

- Será que o professor fez a "lição de casa"?

Realmente quer ser professor ou está ali "de passagem"? Participou efetivamente da construção do PPP? Estabeleceu o Contrato Didático com os alunos? Põe o contrato em funcionamento? Assume as regras ou joga os ônus para a direção? Cumpre as normas escolares? Cumpre os combinados com os alunos? Tem preconceito contra os alunos? Tem respaldo do grupo, legitimidade com o coletivo da sala de aula? Tem moral para cobrar, por exemplo, a lição de casa? Planeja as aulas? Tem compromisso com a aprendizagem e o desenvolvimento dos alunos ou com o "cumprir o programa"? Reviu o conteúdo?

E a metodologia? Em sala, abre para possibilidades ou só aponta os limites? Trabalha com os alunos os objetivos do estudo, da matéria e do conteúdo? Faz periodicamente assembleia de classe? A avaliação é para qualificar ou para "enquadrar" o aluno? Sofre de "síndrome de encaminhamento" (costume de ficar encaminhando aluno para orientação, coordenação, direção por problemas na aprendizagem ou na disciplina)? É conivente com erros dos colegas professores? Tem postura adulta ou infantilizada? É capaz de ver positividade nos alunos ou apenas seus aspectos negativos? Leu, estudou o Estatuto da Criança e do Adolescente (ECA) ou só fala a partir do que *ouviu falar*? Entra com recurso junto ao ministério público quando seus direitos profissionais não são respeitados? Participa efetivamente do sindicato da categoria? Está aberto à formação?

Nosso objetivo ao fazer tais questionamentos é remeter os educadores à Zona de Autonomia Relativa (ZAR). A ZAR é a área compreendida entre o limite externo e o limite interno (Vasconcellos, 2009d, p. 222). Normalmente, os educadores ficam muito ligados aos limites externos e não se dão conta que os limites internos são os que estão de fato restringindo a ação. Quando tomamos consciência dos limites internos, aqueles sobre os quais temos controle de imediato, um conjunto de possibilidades de práticas se abre:

- Avaliação com ênfase no essencial
- Superação do cunho decorativo, reprodutor. Aplicação de atividades que levem a refletir, a estabelecer relações (funções psicológicas superiores)
- Definição clara do que se quer (comandos precisos)
- Contextualização das questões: dar sentido
- Transparência no processo de avaliação; deixar muito claro as "regras do jogo"
- Dimensão adequada do tempo das atividades avaliativas

AVALIAÇÃO DAS APRENDIZAGENS

- Sem mudança do ritual de sala de aula só porque é "avaliação"; superação da "semana de prova"
- Avaliação com consulta
- Colocação de questões a mais para escolha do aluno
- Cochicho inicial
- Eliminação de uma das notas de um conjunto
- Não "fossilização": anulação de resultados superados
- Elaboração pelos alunos de sugestões de atividades/questões
- Continuidade: dia a dia e avaliação
- Observação dos alunos
- Registro das observações
- Avaliação por meio de atividades cotidianas realizadas pelos alunos (exercícios, produções de texto, relatórios, pesquisas feitas em sala, tarefas)
- Avaliações menores e mais frequentes
- Atividades de diagnóstico rápido (sem valer nota)
- Interação com trabalho do aluno até atingir um nível satisfatório; sinalização de problemas e devolução para aluno reelaborá-los
- Questionamento: por que o aluno não está aprendendo?
- Autoavaliação do professor; autoavaliação do aluno (metacognição)
- Ênfase ao raciocínio do aluno e não apenas ao resultado. Estar aberto a outros caminhos de resolução
- Elaborações que não ficaram claras devem ser concluídas após diálogo com o aluno
- Atenção a possíveis interferências (simpatia, antipatia, "acerto de contas", caligrafia, ortografia, "síndrome do início negativo")
- Valorização de acordo com a relevância do conteúdo
- Análise das atividades de alguns alunos antes de começar a atribuição de conceitos; análise, primeiro, de uma questão de todos os alunos; volta a um instrumento já analisado

- Análise das atividades por amostragem
- Análise das atividades de avaliação pelos próprios alunos (autocorreção ou correção mútua, sem "valer nota")
- Identificação clara das necessidades dos alunos
- Assembleias de classe (periódicas ou de acordo com a necessidade) para reflexão aberta e sistematicamente sobre os problemas surgidos
- Ênfase aos objetivos do trabalho em sala de aula
- Esclarecimento dos objetivos da avaliação aos alunos
- Valorização do conhecimento prévio dos alunos
- Estabelecimento coletivo das regras de trabalho/contrato didático
- Entendimento do erro como hipótese na construção do conhecimento, portanto, como elemento de interação
- Criação de portfólio com atividades dos alunos (pasta, dossiê de acompanhamento)
- Trabalho com alunos e pais sobre a mudança da avaliação (núcleo: aprendizagem e desenvolvimento; lembrar-se das mudanças que estão ocorrendo na "sociedade do conhecimento", bem como no mundo do trabalho e até das empresas — certificado *versus* competência)
- Trabalho com sanção por reciprocidade com alunos (exemplo: se num bimestre abusou das oportunidades de recuperação, no outro terá menos oportunidades)
- Aulas assistidas (e refletidas) por colegas
- Avaliação social e afetiva: não vinculá-la à aprovação/reprovação
- Grupos operativos em sala
- Gravação das aulas para análise posterior pelo próprio professor
- Uso de livros didáticos para composição da biblioteca escolar ou de classe

AVALIAÇÃO DAS APRENDIZAGENS

- Recuperação no ato mesmo do ensino
- Compromisso com a aprendizagem essencial por parte de todos: em sala e durante a aula
- Combate à competição entre os alunos
- Compromisso com a aprendizagem mínima necessária e não com a "média" (o desafio do professor não é gerar nota e sim aprendizagem)
- Compromisso com o atendimento logo no começo: "Parar" (retomar, rever, redirecionar, reenfocar, reelaborar, reforçar, repensar, replanejar, retrabalhar, reconstruir, transformar, mudar, alterar ritmo/abordagem)
- Adequação das expectativas: ser professor dos alunos que tem (e não de "determinados conteúdos"). Partir de onde o aluno está e não de onde "deveria estar"
- Garantia do clima de respeito: direito à dúvida e ao erro
- Ausência de rotulação, nem deixar que isso ocorra
- Desenvolvimento da responsabilidade coletiva pela aprendizagem e disciplina em sala ("nenhum a menos")
- Busca da combinação das diferenças e não sua eliminação, separação ou antagonização
- Crença de que aluno pode aprender (e que o professor pode ensinar)
- Autoridade para fazer o que acredita: parar a fim de atender os alunos, tentar outras abordagens, usar novos recursos didáticos
- Avaliação não só do aluno
- Avaliação não apenas do aspecto cognitivo. Lembrar que a formação humana se dá nos planos conceitual, procedimental e atitudinal
- Não solicitação da assinatura dos pais nas avaliações; levar aluno a se responsabilizar por seu trabalho
- Entrega de notas sem vínculo com reunião de pais

- Instrumentos de avaliação não devem passar pela coordenação antes de serem aplicados; professor tem de assumir a responsabilidade pelo seu trabalho, inclusive pela avaliação
- Conselho de classe participativo
- Entrevista com aluno para análise do desenvolvimento
- Construção participativa do PPP
- Trabalho coletivo constante: reunião pedagógica semanal (Horário de Trabalho Pedagógico Coletivo (HTPC); Hora--Atividade (HA). Planejamento conjunto com colegas
- Trabalho com representantes de classe, desde os anos iniciais do Ensino Fundamental
- Superação da montagem de classes "homogêneas"
- "Negociação" de programa do professor com os colegas (do mesmo ano e, sobretudo, dos anos anteriores e posteriores)
- Aulas com tempo maior (exemplo: duplas) para permitir trabalho aprofundado
- Manutenção do mesmo coletivo de alunos de um ano para outro (fortalecimento dos vínculos). Dessa forma, o professor acompanha os alunos por mais de um ano (aproveitar conhecimento de suas necessidades e os vínculos estabelecidos)
- Avaliação deve ser pelo próprio professor (autoria) e não terceiros
- Formação permanente dos educadores com o objetivo de o professor se sentir competente e autorizado a ousar, criar
- Flexibilidade para reorganização do tempo e do espaço
- Apoio/respaldo da equipe diretiva: professor não deve se sentir só
- Não cessão diante das pressões equivocadas. Competência e unidade do grupo para enfrentar resistências
- Superação do discurso de vítima, de coitadinho
- Superação de faltas e atrasos

AVALIAÇÃO DAS APRENDIZAGENS

- Ajuda aos pais a elevar nível de expectativa em relação à escola
- Ambiente de abertura, de inovação na instituição
- Posicionamento crítico e propositivo frente ao sistema educacional e social
- Compromisso com a mudança social (ter em mente um horizonte maior)
- Escolha pelo aluno do momento a ser avaliado
- Leitura de livro sem valer nota
- Montagem de cantinhos temáticos na sala
- Montagem da biblioteca pedagógica na escola
- Conhecimento da realidade dos alunos. É importante conviver com os alunos no recreio e visitar o local de moradia deles
- Diálogo com os pais
- Valorização das organizações dos alunos (grêmio, rádio, clube de ciências, comunidade de jovens, informática, teatro)
- Rompimento com a arquitetura fabril das escolas
- Incentivo ao trabalho em dupla — docência/regência em sala
- Trabalho em salas-ambiente
- Currículo estruturado por projetos/temas
- Laboratório de aprendizagem
- Atendimento por profissionais especializados (casos limites)
- Avaliação externa da instituição
- Estabelecimento do número máximo de alunos por professor
- Ciclos de formação
- Luta por plano de carreira
- Participação em sindicatos e associações profissionais
- Participação de movimentos sociais
- Voto consciente
- Exercício da autocrítica.

Nenhuma dessas práticas, tomadas isoladamente, fará a "revolução". Porém, a partir delas, podemos avançar no processo de mudança. Por que faz sentido a (pequena) mudança já?

- Frequentemente, a pequena mudança é o que se pode realizar no momento; deixar de fazê-la é abrir mão da luta, é permitir o retrocesso. Com certeza, faz diferença para as pessoas onde ela acontece;
- Há uma questão ética: não vamos usar os alunos em causa própria (fazer intencionalmente um trabalho ruim ou deixar de fazer o que vislumbramos como sendo possível só para provocar o dirigente);
- A pequena mudança nos ajuda a:
  - sofrer menos e a nos realizar. Fortalece nossa dignidade, a autoestima, a alegria (resgate do entusiasmo, do sentido de viver);
  - conhecer melhor a realidade (saber onde estão de fato os apoios e os obstáculos);
  - ter moral para cobrar/pressionar aqueles que não estão assumindo sua parte na luta;
  - sensibilizar os aliados (a palavra convence, o exemplo arrasta);
  - manter acesa a chama da esperança de outro mundo, de outra educação ao longo da história;
  - elaborar novas mudanças; dar incremento onde é possível e criar base para um salto qualitativo.

Nosso objetivo, com essa reflexão, foi disponibilizar alguns elementos para ajudar a superar a perversa lógica classificatória e excludente da avaliação. Vimos que existem questões da maior gravidade por detrás (sociedade de classe, formação docente, condições de trabalho), porém sabemos que toda prática sempre tem sua teoria, uma vez que a nossa relação com o mundo é sempre mediada simbolicamente. O que queremos é disputar a representação que está subjacente à prática de tantos professores, tirando-lhe a legitimidade e apontando outras possibilidades de compreensão e intervenção.

Referências

ARENDT, Hannah. *Entre o passado e o futuro.* 4. ed. São Paulo: Perspectiva, 1997.

FOUCAULT, Michel. *Nietzsche, Freud e Marx — Theatrum philosoficum.* Porto: Anagrama, 1980.

FREIRE, Paulo. *Educação como prática da liberdade.* 14. ed. Rio de Janeiro: Paz e Terra, 1983.

_____. *Pedagogia do oprimido.* 9. ed. Rio de Janeiro: Paz e Terra, 1981.

FRIGOTTO, Gaudêncio. *A produtividade da escola improdutiva.* 5. ed. São Paulo: Cortez, 1999.

MARX, Karl. Contribuição para a crítica da filosofia do direito de Hegel — Introdução. In: _____. *Manuscritos econômicos-filosóficos.* Lisboa: Edições 70, 1989.

_____. Crítica do programa social-democrata de Gotha. In: _____; ENGELS, Friedrich. *Crítica da educação e do ensino.* Lisboa: Moraes Editores, 1978.

PATTO, M. H. S. *A produção do fracasso escolar:* histórias de submissão e rebeldia. São Paulo: T. A. Queiroz Editor, 1990.

PERRENOUD, Philippe. Não mexam na minha avaliação! Para uma abordagem sistêmica da mudança pedagógica. In: ESTRELA, A.; NÓVOA, A. (Orgs.). *Avaliações em educação:* novas perspectivas. Porto: Porto Editora, 1993.

RIBEIRO, Renato Janine. A ilusão de detectar o mal. *Folha de S.Paulo,* 21 nov. 1999, p. 3.

SNYDERS, Georges. A pedagogia na França nos séculos XVII e XVIII. In: DEBESSE, M.; MIALARET, G. (Orgs.). *Tratado das ciências pedagógicas 2:* história da Pedagogia. São Paulo: Nacional, 1977.

SOUSA SANTOS, Boaventura de. *Introdução a uma ciência pós-moderna.* 4. ed. Porto: Afrontamento, 1995.

VASCONCELLOS, Celso dos S. *Avaliação da aprendizagem*: práticas de mudança — por uma práxis transformadora. 10. ed. São Paulo: Libertad, 2009a.

_____. *Avaliação*: concepção dialética-libertadora do processo de avaliação escolar. 18. ed. São Paulo: Libertad, 2009b.

_____. *Coordenação do trabalho pedagógico*: do projeto político-pedagógico ao cotidiano da sala de aula. 11. ed. São Paulo: Libertad, 2009c.

_____. *Currículo*: a atividade humana como princípio educativo. São Paulo: Libertad, 2009d.

_____. *Avaliação*: superação da lógica classificatória e excludente: do "é proibido reprovar" ao é preciso garantir a aprendizagem. 4. ed. São Paulo: Libertad, 2002.

VYGOTSKY, L. S. *A formação social da mente*. São Paulo: Martins Fontes, 1984.

CAPÍTULO 2

Ciclos e seriação: tensões da democratização do Ensino Fundamental

*Ocimar Munhoz Alavarse**

A organização do Ensino Fundamental, nível obrigatório da educação básica, em ciclos já conta com quase duas décadas de iniciativas em redes públicas de ensino e foi adotada para superar o fracasso escolar e garantir a democratização do ensino, com destaque para a adequação curricular em razão das características dos alunos da escola pública, como abordado em Alavarse (2007 e 2009) e Mainardes (2009). Em contraposição aos ciclos, apareceram argumentos advogando-se que estariam produzindo uma queda na qualidade do ensino, pois a atenuação da reprovação permitiria que alunos "passassem de ano sem saber" e retiraria a responsabilidade deles pelas tarefas escolares.

Neste capítulo, abordo, principalmente, a tensão entre a seriação e os ciclos, pois aquela seria um importante fator de produção do fracasso escolar e, portanto, obstáculo para uma escola efetivamente

---

* Professor da Faculdade de Educação da USP.

democrática. Contudo, muitas vezes, na adoção dos ciclos, não se deu a devida atenção justamente àquilo que se pretendia superar — a seriação —, o que teria reduzido o potencial democratizante dos ciclos, descuidando-se da força política e material que a tradição seriada estabelecera. Muito provavelmente, algumas propostas de ciclos não avançaram porque, além da falta de clareza da mudança pretendida, não foram dadas as condições materiais para sua efetivação, aí incluídas aquelas de ordem financeira e as relativas ao debate permanente com os professores, os principais profissionais implicados com a adoção dos ciclos, inclusive alimentando as resistências a eles.

Devemos, *a fortiori*, observar que a escolarização de amplos contingentes, expressão da democracia, resulta de um processo tenso, como aponta Fernández Enguita (1989, p. 110):

> [...] os pensadores da burguesia em ascensão recitaram durante um longo tempo a ladainha da educação para o povo. Por um lado, necessitavam recorrer a ela para preparar ou garantir seu poder, para reduzir o da igreja e, em geral, para conseguir a aceitação da nova ordem. Por outro, entretanto, temiam as consequências de ilustrar demasiadamente aqueles que, ao fim e ao cabo, iam continuar ocupando os níveis mais baixos da sociedade, pois isto poderia alimentar neles ambições indesejáveis.

E mesmo não tendo se completado, a generalização da escola decorre de um movimento social que ultrapassa sobejamente sua componente estritamente pedagógica, então:

> [...] convém recordar que as escolas de hoje não são o resultado de uma evolução não conflitiva e baseada em consensos generalizados, mas o produto provisório de uma longa cadeia de conflitos ideológicos, organizativos e, em um sentido amplo, sociais (op. cit., p. 131).

Esse quadro social e econômico deve estar sempre presente para melhor aquilatar o processo educativo e apreender suas linhas de força, seus sujeitos e interesses que se fazem presentes nas formulações de objetivos, realçando a densidade social da reivindicação por escola com plenas condições de existência, sobretudo por parte dos trabalhadores que a demanda(va)m para seus filhos e para si próprios, mesmo que com ilusões de ascensão social mediante suas credenciais e títulos. Não sendo uma característica exclusivamente nacional, a luta pela democratização da escola não se fez uniformemente no mundo, nem em cada um dos países; processou-se com avanços e recuos; até mesmo com atritos entre trabalhadores da educação e trabalhadores usuários das escolas. O traço persistente, de todo modo, é a democratização da escola como luta social, com todos os impasses que comporta, por um direito que inexoravelmente se inscreveu na história.

O desenvolvimento do capitalismo, além de mudanças objetivas nos processos de trabalho, também evidenciou mudanças subjetivas, consolidando, como elemento ideológico, a doutrina liberal — o liberalismo. Essa doutrina, que no limite indica a liberdade burguesa, assentou-se socialmente como justificativa da aspiração generalizada por liberdade, contra os privilégios típicos da ordem feudal, ao instaurar uma noção exacerbada de indivíduo que, por definição, não pode estar cerceado pela condição de nascimento e pode triunfar socialmente pelo seu esforço — ou também por conta de seus dons —, não nega as desigualdades sociais, mas as conforma ao processo de empenho pessoal, sem nenhum constrangimento de berço ou político, especialmente aqueles revelados na escolarização. Paim (2000, p. 244-8) salienta tais traços com nitidez:

> [...] Nas condições de liberdade de iniciativa estabelecidas pelo capitalismo, os tipos criativos ou empreendedores têm maiores possibilidade de sucesso.
> [...]
> A criatividade e a capacidade empreendedora são, pois, patrimônio das pessoas. Essas habilidades não podem ser adquiridas na escola. Eis porque cumpre distinguir igualdade de oportunidade e igualdade de resultados. Os liberais são, legitimamente, campeões da luta em prol da primeira daquelas igualdades. Com o propósito de desvalorizar as

políticas públicas liberais voltadas para aquele objetivo, os socialistas insistem em que o importante é a igualdade de resultados.

[...]

Do que precede, é fácil verificar que, em face do compromisso do liberalismo com a realidade do curso histórico, sua contribuição para a redução das desigualdades sociais parte do reconhecimento da desigualdade radical dos seres humanos.

De todo modo, como síntese histórica, vemos que os trabalhadores não conseguiram a expansão da escola nos patamares que lhes seriam mais favoráveis e nem a burguesia triunfou completamente, haja vista sua lenta generalização, além de não legitimar absolutamente seu poder, pois a chamada escola primária se efetivou como um direito na Europa e nos Estados Unidos da América do Norte (EUA) somente na virada do século XIX para o século XX.

No Brasil, além da organização de níveis de ensino, historicamente, com diferenciações e barreiras de acesso, a quase universalização de matrículas iniciais no Ensino Fundamental não significa ainda a universalização da conclusão e muito menos a igualdade de desempenho, o que parece indicar, entre outros traços, a persistência da seletividade social.

Se a plena discussão sobre os ciclos deve contemplar a escola em toda sua complexidade político-pedagógica e a avaliação de seus impactos para garantir sua democratização, neste capítulo procuro apenas problematizar as proposições de ciclos diante de uma das grandes questões da escola tradicionalmente estabelecida — a seriação.

A seriação como construção histórica

A luta contra o fracasso escolar, como pondera Crahay (2003, p. 271), se reveste do caráter de luta contra representações sociais que o negam em defesa de uma pretensa qualidade de ensino e impõe investigações para delimitar suas causas, no âmbito de políticas

AVALIAÇÃO DAS APRENDIZAGENS

públicas de educação que visam à sua oferta material, como também à compreensão mais a fundo das raízes da escolarização e de sua organização. Relativamente aos aspectos organizativos, Terigi e Baquero (1997, p. 108-11) sublinham que:

> Considerar o fracasso escolar como fenômeno educativo não implica desconhecer as relações que existem entre fatores extraescolares e fracasso escolar; ao contrário, propõe-se incorporar à análise essas relações, mas a uma análise que não renuncie a explicar de que maneira, sob que condições, por meio de que mecanismos, *especificamente pedagógicos*, é produzido o fracasso das crianças dentro das escolas. A interpretação pedagógica do fracasso escolar tem a vantagem de não nos iludir a respeito dos fatores produtivos que podem ser encontrados no dispositivo escolar, mas nos obriga a considerar as condições específicas pedagógicas que o produzem.
>
> [...]
>
> Situar o fracasso escolar como fenômeno pedagógico obriga-nos a reconsiderar as características do dispositivo escolar. Quem trabalha no âmbito educativo tende a considerar a escola como o contexto natural no desenvolvimento da criança. Mais ainda, legitima aquelas práticas escolares que considera que estão na linha do desenvolvimento *natural* da criança. Sob este ângulo, perdemos a perspectiva histórica do sistema escolar, como um dos dispositivos que produz — e que deve produzir, posto que para isto existe — formas particulares de desenvolvimento infantil. Formas, digamos, culturalmente enviesadas. Precisamente com vistas a desnaturalizar nossa visão sobre a escola, e sobre os sujeitos que a escola produz, é necessário ponderar as características peculiares do projeto escolar como projeto social.
>
> [...]
>
> A escolarização parece, portanto, uma maneira — entre outras possíveis — de tratar a infância, uma maneira ocasionalmente violenta, já que implica obrigações de assistência, permanência, trabalho, avanços, para evitar sanções. A principal sanção é a do fracasso. Ainda que esta visão possa parecer excessivamente dura em relação a uma prática que, como assinalamos, se considera não só desejável como um direito adquirido, nossa análise pretende insistir em que a questão deve ser tratada sem

que nosso compromisso com os direitos da criança nos leve a desvirtuar precisamente o caráter político do projeto escolar. Este envolve decisões sobre a vida dos sujeitos, sobre suas margens de ação, sobre a maneira como forjamos sua identidade. São decisões, portanto, de modo algum naturais.

Narodowski (2001, p. 59) demarca a configuração formal da escola pelo estabelecimento de um modelo centrado no tripé *simultaneidade, gradualidade* e *universalidade.*

> Dentro da tradição da historiografia educacional, nosso olhar está centrado em demonstrar que Comenius instaura, mediante numerosos escritos, alguns dos mais relevantes mecanismos que se perpetuam ao longo destes últimos quatro séculos na pedagogia moderna. [...] A hipótese mais geral consiste em afirmar que em seus textos se desenvolvem vários dos dispositivos fundantes das novas relações educativas instaladas na pedagogia; sobretudo os relacionados com alguns de seus componentes; com a simultaneidade, a gradualidade e a universalidade.

Como consequência, indica (op. cit., p. 175) a força do modelo de escola seriada:

> O discurso pedagógico instala em seu seio esse mecanismo que atravessará autores e fronteiras até se converter em uma espécie de lugar comum, um ponto de referência ou, melhor dito, a normalidade no que diz respeito à configuração das escolas desde a ótica da pedagogia. [...] Deste modo, a pedagogia da instrução simultânea triunfa e dispõe os corpos pedagogizados de acordo com sua estratégia, abre o jogo para seus manuais, suas Escolas Normais, sua gradualidade e seus modos de promoção.

Destaca, também, que outras formas de organização escolar foram perdendo legitimidade e reconhecimento de sua existência (op. cit., p. 190-1). Com Dussel e Caruso (2003), reforça-se a abordagem da escola seriada — e, portanto, sua desnaturalização — como

AVALIAÇÃO DAS APRENDIZAGENS

construção que foi se impondo como um padrão, quase pétreo. Tyack e Tobin (1994), ao aludirem a essa força histórica, definem a seriação — graduação — escolar como uma "gramática" da escolarização,[1] por analogia à gramática que preside inconscientemente a fala humana e que teria se estabilizado desde 1860-70 nos Estados Unidos ao facilitar a educação de massas combinada com os valores liberais da meritocracia, reforçados por Tyack e Cuban (2001) e Shearer (1898). Note-se que, se nesse país não ocorreu a seletividade com a intensidade que se identifica no Brasil, crescem as preocupações sobre isso, como ressalta Darling-Hammond (2001, p. 108), em virtude das pressões exercidas pelas avaliações externas.

A investigação de Arcas (2003), por exemplo, corrobora a força do modelo seriado, ao deslindar mecanismos de resistência aos ciclos, especialmente no tocante às atividades avaliativas, numa escola da rede estadual de São Paulo, mediante a recomposição de ameaças aos alunos típicas da seriação. Outras produções acadêmicas têm evidenciado a permanência de atividades avaliativas imbuídas de seletividade, quer por sua efetivação, quer pela manifestação de "descontentamento" com a impossibilidade de reprovar alunos (cf. Bertagna, 2003; Gomes, 2004; Jacomini, 2002; Paro, 2001).

Souza (1998a, p. 15-6), ao estudar o desenvolvimento dos grupos escolares no estado de São Paulo, explicita como a seriação foi imposta:

> No final do século XIX e início do XX, a educação popular encontrava-se difundida em nível mundial e seguia os moldes da escola graduada baseada na classificação homogênea dos alunos, na existência de várias salas de aula e vários professores. Tão acostumados estamos a essa modalidade escolar que pouco nos atemos aos seus fundamentos e à sua origem. [...].

---

1. Viñao Frago (2001, p. 32-3), embora se mostre receptivo a esta noção de gramática, alerta para o risco de negar a possibilidade de outras gramáticas, muitas vezes sem grande expressão, coexistindo no interior das escolas. Faz tal afirmação para que se perca de vista que os aspectos organizativos da escola refratam interesses e concepções sobre a escolarização.

[...] Tratava-se de uma organização administrativa e pedagógica mais complexa concebida nos princípios da racionalidade científica e na divisão do trabalho. Assim, a racionalidade pedagógica fundamentava-se na classificação dos alunos, no estabelecimento de um plano de estudos e na determinação da jornada escolar, resultando em um ensino mais homogêneo, padronizado e uniforme.

A investigação da emergência da seriação pode contribuir para apreender os desafios e as dificuldades de implantação dos ciclos, que muitas vezes contemplam, simultaneamente, rupturas e continuidades e que se articulam num processo muito mais complexo do que pode transparecer à primeira vista, dados os diferentes interesses e concepções, que podem se interpenetrar fazendo com que a caracterização autoimputadas por gestores não correspondam à realidade, como destacaram Goodlad e Anderson (1987) num estudo sobre as escolas seriadas e desseriadas — *graded and non-graded schools* — dos Estados Unidos, reiterado em Anderson e Pavan (1999), para os quais as denominações atribuídas às escolas não dão conta do que realmente se passa em seus interiores, até mesmo porque algumas escolas ditas seriadas na verdade já implementam aspectos que as distanciam desse padrão e, *mutatis mutandis*, outras que se julgam "inovadoras", de fato pouco mudaram.

Souza e Faria Filho (2006, p. 41-2) demarcam a seriação da escola básica como um padrão mundial a partir da segunda metade do século XIX. Vidal (2005, p. 10), apoiando-se em Vincent, Lahire e Thin (2001), também, identifica que a graduação se manifestara antes, no método mútuo, ainda que ele não tivesse tido todo o desenvolvimento da escola seriada. Na implantação da escola primária paulista,[2] além da seriação, é possível inferir que, desde a origem, a escolarização massiva revelava os limites do discurso democrático em torno da forma escolar, o que Souza (1998a, p. 252-3) destaca:

---

2. Como nota histórica, no Brasil, o processo de organização do Colégio de Pedro II, em 1837 e anterior, portanto, à reforma paulista de 1893, apoiou-se fortemente na seriação, como se encontra em Gasparello (2004), Lorenz (2003), Marcílio (2005) e Vechia (2003).

AVALIAÇÃO DAS APRENDIZAGENS

A criação da escola graduada no estado de São Paulo [...] estabeleceu uma "cultura da seleção" balizada e reafirmada por vários fatores: a racionalidade da organização pedagógica com base na classificação dos alunos, as exigências normativas e os impositivos de controle sobre os profissionais da educação, as normas de excelência escolar negociadas no interior da escola e validadas fora dela; e, por certo, a formalidade do ritual do exame nos primeiros tempos. De forma paradoxal, a escola republicana, cujo projeto civilizador visava atingir o conjunto da sociedade, expôs prontamente seu caráter excludente e seletivo.

Reforça (op. cit., p. 106), que "[o] povo era o destinatário ideal das iniciativas do governo republicano; no entanto, em pouco tempo, ficou evidente que boa parte desse 'povo' encontrava-se fora da escola enquanto uma parcela da sociedade havia se apoderado dela". E (op. cit., p. 280-1) finaliza:

A escola graduada, síntese de esforços despendidos durante o século XIX para a constituição de uma organização pedagógica racional para a escola pública, tornou-se em realidade a inovação mais significativa e duradoura efetivada pelos reformadores do ensino paulista nos primórdios da República.

Perrenoud (1996, p. 152-5) aponta o aparecimento da escola seriada em fins do século XIV, em escolas secundárias de uma congregação religiosa dos Países Baixos, a dos *Irmãos da Vida Comum*, como forma de dirigir uma grande quantidade de escolas com muitos alunos. Tal organização possibilitava uma divisão do trabalho pedagógico de modo racional.

No século XIX, essa organização já se encontra funcionando há muito tempo na maior parte dos colégios. Não se trata, então, de inventá-la mas de transladá-la para o ensino primário, o que obriga a levar em conta, sobretudo, a idade dos alunos e seu nível de desenvolvimento, mais do que nas escolas secundárias. Por isso, a organização interna do currículo não só deve respeitar uma progressão que tenha em conta a maneira de se construir a aprendizagem, mas também cuidar de não propor um programa muito difícil de ser assimilado pelos alunos mais jovens.

[...]

Em sua origem, a divisão em séries sucessivas tinha como objetivo organizar uma progressão rigorosa das aprendizagens. Nas escolas que tinham instituído essa divisão, especialmente nas escolas mútuas, só os alunos que tinham dominado as aprendizagens previstas para uma série podiam, em princípio, passar para a próxima, e assim sucessivamente.

[...] a divisão do curso em séries anuais compromete a relativa flexibilidade do tempo de aprendizagem [...] a norma pretende que todos progridam em um mesmo ritmo e empreguem um ano escolar para assimilar o programa correspondente a uma série. Essa uniformidade de princípio contrasta com a evidente diversidade de ritmos efetivos de aprendizagem.

[...]

Diante dessa evidência, a instituição escolar introduz três corretivos importantes [...]

1. encaminhamento para aulas especializadas: essas aulas se destinam às crianças consideradas "inadaptadas" à escolarização ordinária, tanto em consequência de problemas físicos ou transtornos de conduta [...]

2. a variação de idade de ingresso no primeiro ano do ensino primário: durante séculos, a idade dos estudantes que recebiam o mesmo ensino era muito variável, e isso preocupava muito pouco. Com a aparição das leis de escolarização obrigatória começa a se considerar necessário fixar uma idade legal a partir da qual todas as crianças estivessem submetidas à instrução, durante período também fixado pela lei que, no século passado [XIX] costumava ser de seis ou sete anos e, desde então, de nove ou dez anos na maioria dos sistemas escolares. [...]

3. *a repetência de série: é evidente que nisso consiste a principal modalidade ou meio pelo qual o ensino primário faz frente à diversidade de ritmos de aquisição.* Já não se trata, nesse caso, de que um aluno permaneça na série durante o tempo que necessite para dominar o currículo. Mas

sim, é uma espécie de "tudo ou nada". Se no término de um ano escolar o aluno não adquiriu claramente o mínimo necessário para seguir o ensino da série seguinte, repetirá o ano inteiro, ficando submetido à mesma forma do emprego do tempo, às mesmas aprendizagens, aos mesmos controles de quem se encontra pela primeira vez na série [grifo meu].

Perrenoud (op. cit., p. 156) põe em relevo o processo pelo qual:

Trata-se de ensinar em uma escola de massas, com horas fixas, segundo uma divisão do trabalho, de métodos e de programas instituídos, o que limita particularmente as margens de negociação ou adaptação dos ensinantes e também dos alunos. Tudo isto limita com força a avaliação contínua.

Para a apreensão da lógica inerente à seletividade escolar no Brasil, Reis Filho (1995, p. 205) afirma que em fins do século XIX, frente aos ideais republicanos:

[...] Acreditava-se que pelo domínio do conhecimento científico, pela posse das verdades reveladas pela ciência, formar-se-ia o homem perfeito e o cidadão completo. [...] O rigoroso sistema de exames procurava, por sua vez, assegurar a seleção dos mais capazes. Data de então o equívoco da educação elementar paulista. Ao mesmo tempo em que era destinada a todos, criava-se um sistema seletivo que excluía da escola, pela repetência e pela consequente evasão, considerável parcela da população escolar.

Como demonstração dos efeitos desse modelo de escola, ao estudar as lutas populares por educação em Campinas no início do século XX, Souza (1998b, p. 85-6) analisa esse processo seletivo que impedia os filhos de trabalhadores a prosseguir nos estudos da escola primária ou, quando muito, concluí-la sem perspectivas de avançar para outra etapa, tornando o conhecimento como algo de extremo valor social e, por isso, para poucos.

Se novas funções podem ser pensadas para a escola. Se novos desafios podem ser colocados para o conhecimento escolar. Isso não deveria ser feito sem antes aprofundar o entendimento da forma — seriada — que limita o sucesso de todos.

Seriação e algumas de suas características

Um risco nas iniciativas de organização do ensino em ciclos é deixar a seriação intacta, confundindo-se com um "amontoado de séries", na expressão de Arroyo (1999, p. 155). Isso seria um empecilho para a própria democratização da escola, pois não romperia com a seriação, forma que condensa toda uma gama de características da escola que historicamente operou a seletividade, mediante práticas avaliativas, fragmentação do conhecimento e sua visão utilitarista.

Em Sampaio (2004), temos a seriação como elemento explicativo do fracasso escolar mediante o estudo de recursos impetrados junto ao Conselho Estadual de Educação de São Paulo, de 1991 a 1995, por alunos reprovados em escolas estaduais, com as respectivas respostas dos professores. A autora expõe tramas curriculares e concepções sobre o ensino que evidenciam a força da seriação. Para Sampaio (op. cit., p. 69):

> [...] capta-se um modelo básico de ensino como decorrência do formato de currículo, por disciplina e articulado à seriação. Nesse formato, em cada série, a aprendizagem de cada disciplina impõe exigências ao ensino da série anterior, tendo em vista a série seguinte. [...] espera-se de cada etapa que prepare o aluno para a etapa seguinte, e em cada etapa mais avançada esperam-se determinados resultados da etapa anterior.
>
> [...]
>
> *Mesmo aí [de 1ª a 4ª séries] o currículo se organiza em torno de disciplinas, com conteúdos listados e desenvolvidos no sentido de preparar as etapas subsequentes, com predominância de Português e Matemática* [grifo meu].

AVALIAÇÃO DAS APRENDIZAGENS

Vislumbra-se uma concepção de currículo como conjunto de disciplinas desprovidas de articulação. Vê-se ainda que os conteúdos, apoiados na seriação, exibem uma cadeia de pré-requisitos, justificados por uma pretensa dificuldade crescente de complexidade. Para os professores, tal encadeamento justificaria as exigências de aprendizagem dos alunos e, principalmente, as cobranças nas avaliações. Para Sampaio (op. cit., p. 82-3):

> O formato curricular detectado, que combina seriação e cadeia de conteúdos e objetivos por disciplinas, organiza o ensino, mas não, necessariamente, o processo de aprendizagem: o ensino pode transcorrer à parte da aprendizagem, independentemente das dificuldades dos alunos. Com isso, o currículo desenvolve-se em uma direção contrária ao favorecimento de acesso ao conhecimento, tendendo mais a dar suporte e legitimidade à seletividade do sistema escolar.

A modelagem curricular indica lugar, peso e condições para a avaliação que parece concentrar toda a seletividade, mas que no fundo é condicionada pela existência de um tipo de currículo, este sim produtor de exclusão por excelência, e cuja concepção está associada à visão, socialmente estabelecida, da escola como instituição associada à ascensão social.

Outras caracterizações de Sampaio (op. cit., p. 247) permitem apreender a organização curricular seriada como elemento preponderante para avaliarmos os procedimentos, conteúdos e resultados da escola, favorecendo um processo marcado pelo fracionamento, classificação e homogeneização e afastando da escola a meta de propiciar a amplos contingentes o acesso ao conhecimento.

> Assim, ao apreender a estrutura escalonada do currículo, a rigidez da seriação, as artimanhas dos pré-requisitos, foi possível identificar sua estreita articulação com as condições de funcionamento da escola. A seleção de conhecimentos acabados e prontos para serem transmitidos articulou-se à dissociação entre o ensino e a aprendizagem. Tal demarcação permitiu inferir que a escola da transmissão, e não da aquisição,

pode ser a escola de seus profissionais e não de seus usuários, de seus professores e não de seus alunos, possivelmente instalando relações de antagonismos e hostilidades entre os dois grupos centrais — e mais maltratados — do sistema de ensino. Por isso afirmou-se que a desvinculação poderia ser origem do insucesso dos alunos, que não fazem intrinsecamente parte do trabalho docente, criando dificuldades para que este se realize — ou seja, os alunos atrapalham e não podem ser atendidos em suas necessidades de aprendizagem.

A constatação da escola como *locus* de transmissão de conhecimento indica a necessidade de compreendermos um outro elemento constitutivo do processo pedagógico: a aula, que se efetiva em seu espaço próprio, isto é, a sala de aula. Toda organização escolar parece gravitar em torno da aula, tanto para essa transmissão como também para a própria delimitação do trabalho do professor. Compreender a aula — em sua sala — como unidade fundamental da escola seriada implica o reconhecimento de que a rigidez da seriação encontra aí um momento de concretização. A seriação significa, portanto, uma tripla segmentação; a primeira, pela verticalização da relação entre as séries; a segunda, pela fragmentação dos vários componentes, e a terceira, pelo recorte temporal, diário e anual, de distribuição de cada componente, mesmo nas séries onde prevalece o professor polivalente, pois, embora seja um único professor, seu trabalho está organizado pelos momentos que dedica a cada um dos componentes.

Assim, o aluno é visto como um objeto inerte do processo pedagógico, a quem se deve ministrar o conhecimento e a quem bastaria, na forma como é apresentado, somando-se cada "pedaço" aprendido, mediante a avaliação. Ao fim, tem-se um aluno habilitado a cursar outra série, até a conclusão de uma etapa ou nível. Mais ainda, entende-se que tal forma de apresentação do conhecimento seja suficiente porque cada parte se justifica e se justapõe, mecanicamente, para conformar um todo. Em decorrência, estuda-se para "passar de ano", sendo a aprendizagem, basicamente, para consumo interno à escola, para aprovação pela escola.

AVALIAÇÃO DAS APRENDIZAGENS

A repetência, como contrapartida desse processo pedagógico e um dos indicadores do fracasso escolar, é destacada por Best (1999, p. 36), mencionando a sua existência na França, com cifras expressivas de alunos repetentes, mesmo com a implantação de ciclos, de modo que:

> [...] As ideias falsas e as ilusões sobre as chamadas benfeitorias da repetência persistem nos professores e mesmo nos pais.
> A decisão em matéria de repetência, muito mal enquadrada e muito pouco regulada pelos responsáveis do sistema educativo (ministro, inspetores), não deve conduzir a acusar os professores. *A repetência é um mal endêmico* [...]. [grifo meu].

Freitas (2000, p. 43), ao salientar que "a própria organização da escola (homogeneização, seriação, simultaneidade de conteúdos, métodos e livros, estrutura de poder etc.) encerra objetivos que encarnam as necessidades próprias da sociedade capitalista", estabelece as bases para que não se trate a seriação como causa absoluta do fracasso escolar, pois isso implicaria supor uma "independência" da escola em relação à sociedade e, por outro lado, indica obstáculos quase intransponíveis para a transformação radical da escola por dentro dela mesma. Em outras palavras e sem negar a necessidade tanto de se compreender a escola que se quer mudar — seriada —, quanto a de se apresentar uma alternativa mais consistente — os ciclos —, a crítica da escola sem a crítica da sociedade que a produz é incompleta e não se pode querer superar todas as manifestações do fracasso escolar pelo enfrentamento exclusivo da seriação. Em última instância, trata-se de compreender que na escola também se trava batalhas, mas não a guerra.

Anderson (1966, p. 28) aborda a organização da escola sob dois prismas, vertical e horizontal. Quanto ao primeiro salienta que:

> [...] o termo organização vertical é usado para descrever as políticas e procedimentos pelos quais um sistema educacional indica a progressão do aluno e a posição durante anos sucessivos de escolarização. O padrão quase universal de organização vertical nos últimos cem anos tem sido

o da escola seriada: um pacote de doze anos de conteúdos, divididos em doze segmentos estanques com uma barreira ao final de cada um deles. [...] existem em cada série expectativas de padrões de desempenho. [...] O aluno cujo desempenho fica abaixo do esperado deverá gastar mais um ano na mesma série.

A organização horizontal, por sua vez, diz respeito à maneira como a escola distribui seus professores e alunos — com professores polivalentes ou especializados em cada uma das matérias —, mas que no fundo também acabam sendo diferenciados, quase como um prenúncio dos progressos verticais.

Goodlad e Rehage (1966, p. 24) aportam, com respeito à organização vertical da escola, que a seriação — *grading* — e a desseriação — *nongrading* — constituem as polaridades extremas. A primeira forma é centrada absolutamente nos conteúdos prescritos e sua distribuição ao longo das séries. A desseriação, inclusive para desmontar o argumento de que levaria à queda da qualidade, não abandona a questão dos conteúdos, o que nela deve se encontrar é um arranjo pedagógico — com materiais e conteúdos adaptados às necessidade de indivíduos e grupos — de modo que cada um possa atingir, com dinâmicas próprias, os objetivos esperados. Nesses termos, se o que se pretende é, no fundo, escolher os melhores, o debate sobre ciclos ou séries não tem sentido, pois sempre haverá, por menor que seja a diferença num determinado momento da trajetória acadêmica, a possibilidade de hierarquização dos desempenhos escolares. Do contrário, se o objetivo é elevar o desempenho do conjunto pela elevação de cada um, a desseriação seria o único caminho.

Acrescentando identificações de posturas típicas da seriação, Anderson (1966, p. 46) resgata que:

Na escola seriada de antigamente, os professores tendiam a acreditar que todas as crianças de uma dada idade eram capazes de dominar um trabalho prescrito para a série na qual estavam, dependendo apenas de sua vontade e responsabilidade para dominá-lo. Influenciados por interpretações teológicas da vontade e da moralidade, muitos professores

AVALIAÇÃO DAS APRENDIZAGENS

sinceramente acreditavam que o fracasso de um aluno em atingir o padrão esperado para a série era algo imoral. Daí parecia compreensível que sofresse punição na forma de notas baixas ou, eventualmente, a não aprovação ou, no vocabulário da seriação, o fracasso.

Anderson (op. cit., p. 51) pondera, contudo, que o sucesso da desseriação depende em última instância da melhoria do currículo, diante do que todos os outros problemas ficam secundarizados. A melhoria do currículo é vista como uma adequação às necessidades e interesses dos alunos, em contraposição aos padrões rigidamente estabalecidos na escola seriada. Não obstante, é preciso considerar, inclusive pelo fato de Anderson não se pronunciar com clareza a respeito, os riscos contidos na ideia de adequação curricular às necessidades e interesses dos alunos, pois isso pode contribuir para o que Freitas (2004, p. 26) menciona como diluição do conhecimento, pois não haveria um esforço articulado dos professores para que os alunos dominem aquilo que somente gerações mais experientes, em última instância, podem determinar com conhecimento necessário. Ademais, a noção de adequação, que não pode ser completamente descartada, pode levar a outro risco: a extrema individualização do processo escolar, no qual as diferenças individuais transformam-se em algo a ser tão respeitado que termina por serem cultuadas.

Para Anderson (op. cit., p. 61-3), a condição essencial para a superação da seriação reside na convicção de sua necessidade por parte da equipe de profissionais, o que chama a atenção para algumas iniciativas de desseriação encontradas no Brasil, cujos responsáveis não tiveram a efetiva preocupação em debater com os professores para forjar essa convicção.

Embora as mudanças administrativas que devem ser feitas sejam triviais em comparação com as decisões curriculares requeridas, elas, apesar de tudo, devem ser feitas com muito cuidado e em completo acordo com o grupo de professores. O sucesso de um projeto de reorganização exige que os professores honestamente acreditem nele e devem estar convencidos de suas necessidades. Uma vez que esta convicção esteja estabelecida, a maioria das decisões ocorrerá rapidamente com certeza.

Cabe, assim, uma indagação: se os gestores do sistema dispõem de farta evidência dos efeitos perversos da seriação, tendo por base princípios de democratização do ensino, como se colocar diante de docentes que não estão convencidos de descartar essa forma de organização?

A proposição de uma alternativa de organização escolar à seriação, que costuma associar-se às denúncias de exclusão e de fracasso fortemente induzidas por essa forma, deve, em algum grau, levar em conta aquilo que Snyders (2001, p. 346) denominou de reavaliação crítica da cultura, ou seja, a necessidade se incorporar nos processos pedagógicos os elementos culturais já estabelecidos de tal modo que possam ensejar tanto a apropriação como a sua transformação com fins sociais radicalmente novos, evidenciando que tal pedagogia comporta, aliás como definição, uma forma de, simultaneamente, continuidade e ruptura.

> Ajudar a criança a passar das cançonetas para Beethoven, dos cromos para Van Gogh e, também, dos seus textos livres ou dos seus desenhos para obras sempre compostas por ela, mas mais representativas dela mesma: o problema do professor é viver esta continuidade, amar-lhe e dedicar-lhe cada momento, mas voltando a situá-lo na perspectiva do conjunto; viver e amar cada fase, para ajudar a criança a transpor as diversas fases.

Essa perspectiva, que o autor qualificou de busca por uma "cultura democrática" favorecida pelas condições materiais de escolarização de amplos contingentes, pode conter ainda a superação, pela via da devida politização da ação escolar, frente à polarização de uma escola absolutamente reprodutora *versus* outra "revolucionária". Ou então, como afirma Leroy (apud Snyders, 2001, p. 340):

> A formação da sensibilidade, a experiência de formas novas, a confrontação e a crítica de conteúdos diversos contribuem para o desenvolvi-

mento da personalidade e, por isso mesmo, têm efeitos políticos. As exigências de se viver melhor, de se viver de outro modo, de nos desembaraçarmos das mistificações aumentam e a contradição entre essas exigências e a realidade deste regime torna-se a manifestar.

Contudo, Snyders (1981, p. 394) alerta que não se pode querer imputar às escolas um objetivo que extrapola suas fronteiras: o de fazer a transformação social:

> Assim, a escola faz o que pode para se tornar menos segregativa em relação aos filhos da classe proletária e diminuir-lhes os insucessos; o resto, todo o resto, dependente da relação entre as classes.
> [...] As crianças do proletariado constrangem a escola ou a eliminá-las ou a enveredar pela via da metamorfose; mas ao mesmo tempo é graças à escola que elas renovarão a escola; até elas, elas próprias, para renovar a escola necessitam dela.

Parte desse esforço não seletivo manifestar-se-ia na atenuação das práticas que enfatizam o sucesso pessoal que aniquila toda solidariedade efetiva, que apresenta o futuro de cada um independente de outros, ou até mesmo como resultado da vitória de uns sobre os outros. Para o autor (op. cit., p. 403):

> Quanto mais obras-primas se conhecerem, mais o peso da verdade e da realidade se sobreporá ao artificial burguês. [...] A cultura operária carece da escola não para se renegar, mas para se realizar. A escola precisa de que a pressão operária seja forte: de outro modo corre o risco de se esquecer de tirar das obras culturais a sua substância revolucionária.

E *pari passu* com esse esforço para fortalecer o conhecimento, está uma verdadeira campanha para enfraquecer a ideia de que o conhecimento só pode ser obtido na escola mediante ameaça de reprovação. Como escreveu Paro (2001, p. 53):

> [...] sob determinado ponto de vista, não há nada na expressão "aprovação (ou promoção) automática" que a comprometa com a omissão

de outras medidas necessárias à melhoria do ensino, especialmente se se pensa que ela se integra numa concepção de educação que vê a reprovação como um mal em si, cuja superação só se pode dar a partir de providências que superem a forma errada de fazer educação. Nesse sentido, a aprovação automática apresenta-se como consequência lógica da negação da reprovação e deve ser vista como um valor a ser cultivado, ou seja, como sinônimo de repúdio a qualquer tipo de reprovação.

A superação da seriação demanda, entre outros quesitos, a elaboração de um arcabouço teórico que abarque sua história, suas características e as implicações para a escolarização de massas. Nesse sentido, encontramos em Torres Santomé (1998, p. 110-1) um conjunto de observações extremamente pertinentes. Todavia, é imperioso considerar que a seriação não produz mecanicamente os resultados excludentes da escolarização, mas trata-se, como forma de organização da escola, de uma expressão organizativa que condensou — decantou — o conteúdo de um processo de escolarização que historicamente se revelou incapaz de dar conta dos objetivos de democratização da escola básica. Evidencia resultados decorrentes de um tipo de sociedade que encontrou na seriação uma proposta de equacionamento que favorecia as crenças liberais, de um lado, e o arranjo material para dar conta de admitir todos para o exercício do direito da igualdade de oportunidades, embora tal direito não seja ainda extensivo a todos.

Assim, a constituição da escola moderna, com sua forma seriada, evidencia que:

1) Cada série, como uma etapa anual de um período mais amplo da escolarização, que encerra um conjunto de conteúdos, estabelecidos no âmbito da divisão disciplinar do conhecimento, a serem ministrados a um agrupamento de alunos cujo critério fundamental é explicitado em termos de desempenho acadêmico na série anterior avaliado como satisfatório, ou seja, a exceção da primeira série, os alunos selecionados para uma determinada série foram classificados na série anterior como aprovados por evidenciar o desempenho mínimo definido para aquela série anterior, mediante práticas avaliativas

AVALIAÇÃO DAS APRENDIZAGENS

somativas. Posteriormente, são agrupados em classes, que podem ainda apresentar-se como um refinamento desse critério de desempenho acadêmico, o que resultaria em turmas diferenciadas por critérios de desempenho.

2) Embora no escopo de uma escolarização obrigatória, os agrupamentos por domínio cognitivo teriam como meta estabelecer, com vistas a um padrão ideal de aluno, a homogeneização dos alunos para um programa a ser desenvolvido. Nesses termos, o programa educacional não teria no interesse e nas características dos alunos uma referência — nem se proporia a motivar esses interesses —, pois, ao contrário, previamente está estabelecido o conteúdo cognitivo a ser dominado. Como adverte Bastin (1976, p. 183):

> Fechado na sua "monocultura", esmagado pelos seus programas, enervado pela preparação dos exames [...] o ensino [...] oferece aos seus estudantes um rosto severo, rebarbativo. [Os estudantes] são criticados muitas vezes pela falta de interesse pelo que se lhes ensina. Não conviria antes procurar os meios de lançar pontes cada vez mais numerosas entre a escola e a vida, entre a matéria ensinada e os interesses do aluno?

3) Com características mnemônicas que priorizam informações estanques, o trabalho intelectual não se apoia nas experiências prévias dos estudantes, nem em seus ritmos e percepções, concentrando-se em exigir dos alunos reproduções dos conteúdos apresentados pelos professores, a despeito da ilusão, alimentada por suas práticas avaliativas, de que essa forma garantiria um aprendizado de conhecimentos complexos e duradouros.

4) Demarca um quadro no qual o livro didático, ou seu equivalente, é o principal recurso, sendo ele ancorado numa política editorial que privilegia obras com referências generalizantes, sem espaço para as experiências localizadas.

5) O currículo "quebra-cabeça" dificulta as perguntas mais vitais, pois elas demandariam uma superação dos limites das disciplinas, que acabam por definir as perguntas pertinentes. De tal sorte que

justamente as questões mais atuais com vistas ao futuro — enquanto reclamam uma potencial intervenção humana presente — acabam sendo relegadas, pois demandam abordagens interdisciplinares e ficam obstruídas em decorrência das limitações de tal currículo.

6) As próprias relações pessoais entre alunos e professores ficam obliteradas pela divisão disciplinar e ditadura do livro didático — como expressão de decantação de um programa escolar típico —, que impõem um padrão de trabalho e suas consequentes condutas.

7) Essa organização disciplinar acaba por alimentar o fracasso escolar por ser causadora de dificuldades de aprendizagem decorrentes dessa fragmentação, que define um ritmo de trabalho e um volume de informações que se transformam em fonte de dificuldades.

8) Contraditoriamente aos apelos moralistas, individuais e meritocráticos da progressão estabelecida, opera-se na seriação como se houvesse um aluno ideal ou padrão, visto em abstrato, que se amoldaria aos programas predefinidos, sem levar em conta justamente as diferenças individuais, sem atentar — e integrar nas tarefas educativas — para o que Bastin (1976, p. 192) chama de "quadro de vida da criança", no interior do qual são configuradas suas necessidades e os sentidos de seus comportamentos, evitando suas despersonalização.

9) Além das dificuldades que os alunos têm para integração entre as disciplinas em razão de suas características parcializantes, a escola normalmente não oferece nenhum suporte para a superação desse quadro.

10) O currículo centrado em disciplinas também causa inflexibilidade na organização do tempo, do espaço e dos recursos humanos e, assim, atividades educacionais que poderiam incrementar uma maior integração, como, por exemplo, visitas, excursões, saídas da sala de aula, seminários de maior duração temporal, experiências, são inviabilizadas ou tratadas como "extracurricular".

11) Essa estrutura disciplinar desestimula a crítica e a curiosidade, além de não incentivar iniciativas de estudantes para estudos e pesquisas autônomas. O futurismo do "ser alguém na vida" expõe-se

AVALIAÇÃO DAS APRENDIZAGENS

como um paradoxo, pois "à criança que pensa no dia de hoje, ao adolescente que pensa no dia de amanhã, fala-se continuamente de ontem. Os programas apresentam os fatos e hierarquizam-nos como se a idade de ouro ficasse situada atrás de nós" (Bastin, 1976, p. 195-196).

12) Como fruto do peso exagerado do livro didático, os professores tornam-se "organizadores organizados", perdendo autonomia e controle sobre seu trabalho à medida que seus objetivos passam a se pautar muito mais pelo conteúdo desses materiais do que por outras fontes, como, por exemplo, suas experiências e dos alunos, necessidades particulares, formulações coletivas etc.

13) A nota, como indicador de desempenho dos alunos, ganha relevância para controlar o fluxo ao longo dessa cadeia de disciplinas e, assim, passa a ser o elemento central do processo. A avaliação converte-se na atribuição dessas notas e o processo pedagógico subordina professores e alunos à preparação para a avaliação.

14) Essas características de padronização dilui ou anula a preocupação com os casos particulares, quer se trate de escolas, tomadas em sua singularidade, quer se trate de professores, que poderiam desencadear iniciativas peculiares. Em nome do currículo nacional, dos conhecimentos universais ou seus equivalentes, opera-se um apagamento das diferenciações, quer no que tange ao ensino, quer no tocante à aprendizagem e, contraditoriamente, limita-se o acesso ao conhecimento universal.

15) Realça, portanto, uma contradição entre o objetivo de uma escola obrigatória, fundamental, democrática — que suporia sua natureza indispensável à condição humana e societária — e seus procedimentos e resultados — que indicam uma tendência a considerá-la facultativa e seletiva — apenas para os que tenham interesse em estudar —, acessória — por compor-se de conhecimentos que serviriam somente para quem pretende um nível imediatamente posterior — e antidemocrática — que não faculta a todos seu aproveitamento, pela exclusão, e, quando o faz, esse aproveitamento revela-se para fins extremamente acadêmicos. Essa contradição manifestar-se-ia

até mesmo por limitar a seleção dos "melhores", pois conclusões de uma investigação em doze países, em meados dos anos 1960, da International Evaluation Association for Educational Achievements (IEA), sobre conhecimentos de matemática no nível pré-universitário, indicaram, segundo Husén (1999, p. 411), que:

> [...] um sistema amplo, por sua abertura, ausência de exames seletivos e sua elevada taxa de permanência, constitui uma estratégia mais eficaz para cuidar de todos os talentos de uma nação durante a escolarização básica. Estender a rede tão amplamente resulta possível aumentar as perspectivas de "capturar" uma cifra ótima de peixes. Um sistema com separação precoce de alunos que são classificados para dispor de maior potencial acadêmico está destinado a produzir bons *produtos finais*, mas esta vantagem é obtida ao preço de excluir da educação ulterior um considerável número de estudantes dos estratos sociais inferiores e de limitar as oportunidades de acesso a uma educação de qualidade para a grande maioria dos alunos.

16) Na definição de seus objetivos, também, privilegia a preparação para o futuro. Sem negar a importância da aprendizagem dos alunos, como recurso frente aos desafios que enfrentarão após a escolarização, esse enfoque "futurista" acaba por desprezar a noção de que a vivência de situações presentes, adequadamente problematizadas e tratadas, constitui um objetivo a ser perseguido pela escolarização, como, por exemplo, ensinar os alunos a desenvolver senso crítico e ativo.

17) A suposta preparação para o trabalho, outra justificativa da escola, desnuda-se como um artifício retórico sem consistência. Nascida como espelho da manufatura, em sua dimensão organizativa, a escola seriada se justificou muito mais como forma de atender às demandas políticas de constituição dos estados nacionais e suas bandeiras de democratização limitada do que propriamente para a qualificação profissional. Aqui se deve incluir o fato de que, mesmo quando reivindicada por amplas massas como um direito em cujo atendimento viam a possibilidade de melhores condições de posicionamento no

AVALIAÇÃO DAS APRENDIZAGENS

mercado de trabalho, isso não pode nos levar a supor a existência desse nexo entre escola e mundo do trabalho, inclusive pelo fato de que muitas exigências de titulação são muitos mais formais do que efetivamente vinculadas às exigências do mundo do trabalho.

18) A relação da escola seriada com o trabalho se evidencia muito mais pelo fato de que essa forma de organização representou uma resposta burguesa aos imperativos de aumento da produtividade dos trabalhadores professores, diante das pressões populares por escola. A forma da escola e seus conteúdos respondem, nessa perspectiva, à necessidade de adequação do trabalho escolar aos objetivos postos politicamente para essa escola.

19) Não se poderia descartar, como hipótese, a escola como um "estacionamento" de jovens justamente porque não há empregos, e se coloca a necessidade de uma contenção de contingentes populacionais que estariam ocupados com a escola e exercendo menor pressão por empregos que o sistema econômico não pode oferecer. A expansão do tempo obrigatório de escolarização, *sem negar toda a potencialidade das reivindicações populares*, se comporia de tentativas de refrear o ímpeto por empregos no presente adiando-se tal pretensão para um futuro após a escolarização. Quanto à seriação, nesse aspecto específico, poderia ser vista de duas maneiras. Em primeiro, operando como um mecanismo de seleção e diferenciação com o objetivo adicional de "convencimento" de que só os melhores alunos teriam direito aos melhores empregos. À escola caberia decidir, de forma neutra e objetiva, quais seriam os melhores e os piores alunos. De qualquer forma, essa maneira ainda pressupõe certa oferta e regulamentação de empregos, mas de nenhum modo se contrapõe às análises já desenvolvidas que configuram a escola seriada como organizada para servir a objetivos que dão aos seus conteúdos uma áurea propedêutica. A segunda maneira de se compreender a seriação indica um quadro no qual ela aparentemente desaparece. Isso se daria em iniciativas nas quais se estabelece apenas a promoção automática, isto é, mantendo-se todo o arranjo intrínseco da seriação — regime anual, disciplinarização, fragmentação do trabalho escolar — e sem

avançar os domínios cognitivos dos alunos. Atender-se-ia a uma demanda de maior escolarização em um cenário de desregulamentação e precarização generalizadas do mercado de trabalho, no qual a titulação já não exerce maior influência e, portanto, poder-se-ia generalizar a distribuição de diplomas e certificações, sem que aos eles se associasse uma escolarização de outra qualidade. Alguns, diante dessa última possibilidade, se agarrariam a uma versão de escola que teria existido e sido melhor. Na verdade, essa escola de um "passado dourado" foi diferente, com outros objetivos, incluindo aqueles relativos a quais alunos atender. Essa escola do passado, se tomamos como parâmetro de uma educação promotora de formação humana ampla e significativa, não atende aos requisitos para colocá-la como um modelo a ser (re)construído.

20) Ainda quanto ao trabalho, é preciso demarcar que a escola, com ênfase na forma seriada, se edificou como um espaço de efetiva separação do trabalho produtivo. A valorização do verbalismo, como aliás assinala Vygotskii[3] longe de aprofundar a disseminação de conceitos científicos, evidenciava esse divórcio entre o mundo do trabalho — prática social por excelência — e o espaço do trabalho intelectual improdutivo, ainda que em sua versão empobrecida e caricatural. O rompimento da escola seriada implicaria uma reflexão profunda para que se pudessem construir elos da escola com a vida social e produtiva.

21) Partindo-se de uma visão ampliada de currículo, verifica-se que a escola seriada consolidou um padrão curricular, importado e deformado das divisões disciplinares expressos na universidade, associado ao rol de conteúdos atomizados. E mesmo quando se admite algum tipo de encadeamento lógico entre conteúdos, isso não pode ser referência para uma generalizada justaposição mecânica de várias disciplinas que os alunos deveriam dominar. A existência, no interior

---

3. Embora existam diferenças em muitas referências a esse autor, adoto a grafia *Vygotskii* por julgar que seja a transliteração mais adequada desse nome do alfabeto cirílico — *Лев Семенович Выготский* — para o latino. Nas citações, mantenho a grafia adotada pela editora.

da escola seriada, de expedientes de dependência ou progressão parcial, apenas denota iniciativas que provam a tensão que essa fragmentação do conhecimento exibe.

Adicionalmente, a escola básica, fato evidenciado, também, por Reis Filho (1955, p. 205 e 210) ao comentar a transição do Império para a República, foi institucionalizada como esfera da democracia liberal, sem a perspectiva de sucesso para todos; ao contrário, foram "importadas" medidas de excelência da já existente escola média para materializá-la como uma "máquina" de seleção meritocrática.

Forma escolar, tal como Vincent, Thin e Lahire (2001) expuseram, implica não só um conjunto de procedimentos técnicos para ensinar, mas sobretudo o reconhecimento social de uma forma particular de socialização do saber, legitimado tanto em suas consequências como, principalmente, pelo uso desses procedimentos, vistos como inexoráveis, com meios inexoráveis para esses fins. Thin (2006, p. 216) assevera as dificuldades de alteração da organização da escola seriada, pois:

> [...] A forma escolar é constituída, no decorrer de um longo processo histórico, como forma de relações sociais e de socialização que, sem ser completamente homogênea, partilha certo número de traços articulados entre si e que caracterizam uma maneira de socializar que se impôs como predominante em várias sociedades modernas.

Da perspectiva curricular, as observações de Thin indicam que a forma escolar, ao conceber uma ação sobre a infância, institui uma prática de tal sorte que os objetivos se concentram sobre aprendizagens com preocupações com as regras que, por sua vez, podem reforçar o duplo sentido de disciplina: regras de conhecimento, regras de conduta. "Assim, por meio das aprendizagens, desenvolve-se um trabalho educativo e moral" (op. cit., p. 216). A forma escolar seriada, portanto, levanta obstáculos que mesmo políticas "bem-intencionadas" têm dificuldade para subverter, e pior ainda quando as políticas educacionais não atentam para as construções históricas que operam como fortalezas.

Considerações finais

Diante do exposto, a questão da organização escolar se concentra no rompimento com seu modelo tradicional, a seriação, para que a escola se converta em outro espaço de formação, com novas conformações institucionais. As propostas de promoção automática ou de redução da reprovação são inócuas, pois não enfrentam plenamente o desafio do conhecimento escolar. Apesar do combate contra o fracasso escolar, essas propostas não incorporam os imperativos da democratização da escola com horizontes muito mais amplos.

Considerando que no Brasil não há registro de que os professores tenham solicitado a implantação dos ciclos e estes parecem reduzir-se a políticas de não reprovação, Perrenoud (2004, p. 18) parece conduzir-nos a um impasse na implantação dos ciclos, pois, se, por um lado, defende que eles só terão sucesso se "os professores estiverem convencidos", por outro, também condiciona que, para tanto, é preciso um acordo — entre os responsáveis pelos sistemas e os docentes — sobre os valores intrínsecos aos ciclos, isto é, "recusa do fracasso, das desigualdades e da democratização do acesso aos saberes escolares". Mas, o grande problema é que a reprovação — como ameaça potencial e efetiva — é tomada como condição de melhoria da escolarização, vista no horizonte liberal de igualdade de oportunidades e não de resultados. A defesa da reprovação, para os professores, trata-se de um expediente — ou uma pedagogia como expôs Sergio Costa Ribeiro (1991).

Ademais, uma grande questão para a concepção de ciclos está na organização curricular, recuperando a noção de currículo como processo de seleção de elementos presentes no desenvolvimento social e histórico da humanidade, cabendo à escola socializá-los mediante o envolvimento de alunos e professores no processo pedagógico. Nessa acepção, Torres Santomé (1998, p. 95-103) aporta que:

> [...] o currículo pode ser descrito como um projeto educacional planejado e desenvolvido a partir de uma seleção da cultura e das experiências

das quais se deseja que as novas gerações participem, a fim de socializá-las e capacitá-las.

[...]

A questão é como selecionar e organizar a cultura e a ciência da humanidade para que possa ser assimilada e para que também sejam construídas as destrezas, habilidades, procedimentos, atitudes e valores que ajudarão esses alunos e alunas a incorporar-se à sociedade, como membros de pleno direito.

[...]

Mas, sem dúvida, a forma mais clássica de organização do conteúdo, ainda predominante atualmente, é o modelo linear disciplinar, ou conjunto de disciplinas justapostas, na maioria das vezes de uma forma bastante arbitrária. Isto ocasiona o fim originário da educação como conhecimento, compreensão do mundo e capacitação para viver ativamente no mesmo.

Gimeno Sacristán (2001, p. 86-9), neste terreno, sintetiza que:

As reações a essas tendências dominantes foram de dois tipos: 1) incrementar ainda mais a regulação estabelecida, classificando com mais precisão e diagnosticando os sujeitos mais exaustivamente para localizá-los na posição que "lhes corresponde"; 2) dando "marcha a ré" e tornando mais flexíveis as classificações nas pautas da organização escolar, reagrupando em ciclos mais longos o tempo de escolarização (ciclos de várias séries, em vez do protótipo série-ano), diversificando o tratamento pedagógico dentro de agrupamentos flexíveis e aumentando as opções para cada estudante, de forma que se possa expressar nelas a diversidade. *Esse segundo grupo de soluções, além de enfrentar a mentalidade e os usos estabelecidos, requer uma organização escolar mais complexa, exige uma reconversão da profissionalização docente e é mais dispendioso quanto aos meios materiais e pessoais requeridos.*

[...]

A ideia de ciclo combate a taylorização do currículo e do tempo escolar, refreia os efeitos perniciosos da tendência à especialização dos professores, da acolhida a ritmos diferentes de aprendizagem [...]. [grifo meu].

A seriação parece dissipar boa parte da energia de alunos e professores no sentido de uma escolarização que seja marcada pela densidade cultural, pois muito do que se ensina, ao ser conduzido de forma fragmentada e condicionada pelos mecanismos seletivos, se reduz a um significado e a uma utilidade internos à escola. A compreensão do conteúdo e dos efeitos da seriação se articula com o fato de que a democratização do ensino é a questão histórica, com novos sentidos para a escola e pela demarcação de novos horizontes. Vygotskii, embora tendo escrito na década de 1930 e nos marcos da Revolução Russa, apontou outras perspectivas:

> No fim das contas só a vida educa, e quanto mais amplamente ela irromper na escola mais dinâmico e rico será o processo educativo. O maior erro da escola foi ter se fechado e se isolado da vida com uma cerca alta. A educação é tão inadmissível fora da vida quanto a combustão sem oxigênio ou a respiração no vácuo. Por isso o trabalho educativo do pedagogo dever estar necessariamente vinculado ao seu trabalho criador, social e vital (Vigotsky, 2001, p. 456).

Essas tarefas talvez sejam muito agigantadas, pois, como na expressão de Trotsky, implicam a "refundição do ser humano". Mas, qual razão não seria mais substancial, para a escola e sua organização, que a de enfrentar a formação do ser humano? A escola seriada está em questão por não ter sido capaz de cumprir a contento os objetivos postos historicamente em sua formulação. Dessa forma, a proposta de organização da escola em ciclos coloca o desafio de pensar a escola como um todo, tê-la como uma questão.

Evidentemente, não se trata de supor que o debate de formas alternativas à seriação possa *per se* suplantar todo um conjunto muito mais amplo de determinantes da ação escolar. Porém, se recuperamos que a dimensão de política pública marca intrinsecamente as diretrizes da organização escolar, somos levados ao entendimento de que toda proposta educacional encerra uma luta política, pois não há como fugir do embate entre as várias possibilidades, arbitrárias. Nesses termos, então, trata-se de advogar uma orientação que possa tensionar ao máximo para radicalizar a democratização da escola. Mesmo que para isso não se possa contar com algum modelo ou paradigma, pois como ilustra Perrenoud (1999, p. 8):

> Qualquer que seja o processo e seu nível de desenvolvimento, a organização da escola em ciclos de aprendizagem permanece ainda como um projeto, uma vez que nenhum sistema educacional de fala francesa conseguiu implantar em larga escala uma escola sem séries que promova apenas ciclos de aprendizagem para serem percorridos em dois, três ou quatro anos. O que se observa por ora é principalmente uma vontade de acabar com as barreiras das séries adjacentes, de tornar as progressões mais fluidas, abolindo ou limitando a repetência, de levar os professores a gerir um ciclo de maneira solidária, mediante um trabalho de equipe, se possível, no interior de um projeto da escola.

Riscos, inexoravelmente, ascendem sobre a temática dos ciclos, mas, sobretudo, realçam a agudeza de se encontrar uma saída para os impasses da democratização do ensino.

Referências

ALAVARSE, Ocimar Munhoz. *Ciclos ou séries*: a democratização do ensino em questão. Tese (Doutorado em Educação) — Faculdade de Educação, Universidade de São Paulo, São Paulo, 2007.

_____. A organização do Ensino Fundamental em ciclos: algumas questões. *Revista Brasileira de Educação*. Rio de Janeiro, v. 14, n. 40, p. 35-50, jan./abr. 2009.

ANDERSON, Robert H. *Teaching in a world of change*. New York: Harcourt, Brace & World, 1966. (The Professional Education for Teachers Series.)

_____; PAVAN, Barbara Nelson. *Nongradedness*: helping it to happen. 3. ed. Lancaster, PA: Technomic, 1999. [Original 1993.]

ARCAS, Paulo Henrique. *Avaliação da aprendizagem no regime de progressão continuada*: o que dizem os alunos. Dissertação (Mestrado em Educação) — Faculdade de Educação, Universidade de São Paulo, São Paulo, 2003.

ARROYO, Miguel González. Ciclos de desenvolvimento humano e formação de educadores. *Educação & Sociedade*, Campinas, ano XX, n. 68, p. 143-62, dez. 1999.

BASTIN, Georges. *A hecatombe escolar.* Trad. Maria Madalena Piteira. Lisboa: Livros Horizonte, 1976. (Biblioteca do Educador Profissional, v. 7.)

BERTAGNA, R. H. *Progressão continuada*: limites e possibilidades. Tese (Doutorado em Educação) — Faculdade de Educação, Universidade Estadual de Campinas, Campinas, 2003. 480 p.

BEST, Francine. *L'échec scolaire*. 2. ed. corr. Paris: Presses Universitaires de France, 1999.

CRAHAY, Marcel. *Peut-on lutter contre l'échec scolaire?* 2. ed. Bruxelles: De Boeck & Lacier, 2003. (Pédagogies en Développement.)

DARLING-HAMMOND, Linda. *El derecho de aprender*: crear buenas escuelas para todos. Trad. Fernando Marhuenda Fluixá y Antonio Portela Pruaño. Barcelona: Ariel, 2001. (Ariel Educación.) [Original de 1997.]

DUSSEL, Inés; CARUSO, Marcelo. *A invenção da sala de aula*: uma genealogia das formas de ensinar. Trad. Cristina Antunes. São Paulo: Moderna, 2003. (Educação em Pauta.)

FERNÁNDEZ ENGUITA, Mariano. *A face oculta da escola*: educação e trabalho no capitalismo. Trad. Tomaz Tadeu da Silva. Porto Alegre: Artes Médicas, 1989. 272 p.

FREITAS, Luiz Carlos de. *Crítica da organização do trabalho pedagógico e da didática*. 3. ed. Campinas: Papirus, 2000. (Col. Magistério: Formação e Trabalho Pedagógico.)

_____. Ciclos ou séries: o que muda quando se altera a forma de organizar os tempos-espaços da escola? In: REUNIÃO ANUAL DA ANPED, 27., GT-13 Educação Fundamental, Caxambu, de 21 a 24 nov. 2004.

GASPARELLO, Arlette Medeiros. *Construtores de identidade*: a pedagogia da nação nos livros didáticos da escola secundária brasileira. São Paulo: Iglu, 2004.

GIMENO SACRISTÁN, José. *A educação obrigatória*: seu sentido educativo e social. Trad. Jussara Rodrigues. Porto Alegre: Artmed, 2001.

GOMES, Alessandra. *Democratização do ensino em questão*: a relevância política do fim da reprovação escolar. Dissertação (Mestrado em Educação) — Faculdade de Educação, Universidade de São Paulo, São Paulo, 2004.

GOODLAD, John I.; ANDERSON, Robert H. *The nongraded elementary school*. rev. ed. New York: Teachers College Press, 1987.

_____; REHAGE, Kenneth J. Unscrambling the vocabulary of school organization. In: GOODLAD, John I. *School, curriculum and the individual*. Waltham, MA: Blaisdell, 1966. p. 22-6.

HUSÉN, Torsten. ¿Há descendido el "nivel"? In: ENGUITA, Mariano Fernández. *Sociología de la educación*. Barcelona: Ariel, 1999. p. 405-21.

JACOMINI, Márcia Aparecida. *Uma década de organização do ensino em ciclos na rede municipal de São Paulo*: um olhar dos educadores. Dissertação (Mestrado em Educação) — Faculdade de Educação, Universidade de São Paulo, São Paulo, 2002.

LORENZ, Karl M. O ensino de Ciências e o Imperial Collegio Pedro II: 1838-1889. In: VECHIA, Ariclê; CAVAZOTTI, Maria Auxiliadora (Orgs.). *A escola secundária*: modelos e planos (Brasil, séculos XIX e XX). São Paulo: Annablume, 2003. p. 49-61.

MAINARDES, Jefferson. *Escola em ciclos*: fundamentos e debates. São Paulo: Cortez, 2009. (Col. Questões da Nossa Época, v. 137.)

MARCÍLIO, Maria Luiza. *História da escola em São Paulo e no Brasil*. São Paulo: Imprensa Oficial do Estado de São Paulo: Instituto Fernand Braudel, 2005.

NARODOWSKI, Mariano. *Infância e poder*: conformação da pedagogia moderna. Trad. Mustafá Yasbek. Bragança Paulista: Ed. da Universidade São Francisco, 2001. 200 p. (Col. Estudos CDAPH. Série Historiografia.)

PAIM, Antonio. *O liberalismo contemporâneo*. 2. ed. rev. aum. Rio de Janeiro: Tempo Brasileiro, 2000. 272 p.

PARO, Vitor Henrique. *Reprovação escolar*: renúncia à educação. São Paulo: Xamã, 2001. 168 p.

PERRENOUD, Philippe. *La construcción del éxito y del fracaso escolar*: hacia un análisis del éxito, del fracaso y de las desigualdades como realidades construidas por el sistema escolar. 2. ed. actual. Trad. Pablo Manzano y Tomás del Amo. La Coruña: Fundación Paideia; Madrid: Ediciones Morata, 1996. (Educación Crítica.) [Original 1995.]

_____. Profissionalização do professor e desenvolvimento de ciclos de aprendizagem. *Cadernos de Pesquisa*, São Paulo, n. 108, p. 7-26, nov. 1999.

_____. Os ciclos de aprendizagem: novos espaços-tempos de formação. *Pátio*, Porto Alegre, ano VIII, n. 30, p. 16-19, maio/jul. 2004.

REIS FILHO, Casemiro dos. *A educação e a ilusão liberal*: origens do ensino público paulista. Campinas: Autores Associados, 1995. (Col. Memórias da Educação.)

RIBEIRO, Sergio Costa. A pedagogia da repetência. *Estudos em Avaliação Educacional*, São Paulo, n. 4, p. 73-85, jul./dez. 1991.

SAMPAIO, Maria das Mercês Ferreira. *Um gosto amargo de escola*: relações entre currículo, ensino e fracasso escolar. 2. ed. São Paulo: Iglu, 2004. [Original 1998.]

SHEARER, William J. *The grading of schools*. New York: The H. P. Smith Publishing Co., 1898.

SNYDERS, Georges. *Escola, classe e luta de classes*. 2. ed. Trad. Maria Helena de Albarran. Lisboa: Moraes, 1981. (Col. Psicologia e Pedagogia). [Original 1976.]

_____. *Para onde vão as pedagogias não diretivas?* Trad. Vinícius Eduardo Alves. São Paulo: Centauro, 2001. [Original 1976.]

SOUZA, Rosa Fátima de. *Templos de civilização*: a implantação da escola primária graduada no estado de São Paulo (1890-1910). São Paulo: Fundação Editora da Unesp, 1998a. (Prismas.)

_____. *O direito à educação*: lutas populares pela escola em Campinas. Campinas: Ed. da Unicamp: Área de Publicações CMU/Unicamp, 1998b. 202 p. (Col. Campiniana, v. 18.)

_____; FARIA FILHO, Luciano Mendes de. A contribuição dos estudos sobre grupos escolares para a renovação da história do ensino primário no Brasil. In: VIDAL, Diana Gonçalves (Org.). *Grupos escolares*: cultura escolar primária e escolarização da infância no Brasil (1893-1971). Campinas: Mercado de Letras, 2006. p. 21-56.

TERIGI, Flavia; BAQUERO, Ricardo. Repensando o fracasso escolar pela perspectiva psicoeducativa. In: ABRAMOWICZ, Anete; MOLL, Jaqueline (Orgs.). *Para além do fracasso escolar.* Campinas: Papirus, 1997. p. 105-26. (Col. Magistério: Formação e Trabalho Pedagógico.)

THIN, Daniel. Para uma análise das relações entre famílias populares e escola: confrontação entre lógicas socializadoras. *Revista Brasileira de Educação*, Rio de Janeiro, v. 11, n. 32, p. 211-25, maio/ago. 2006.

TORRES SANTOMÉ, Jurjo. *Globalização e interdisciplinaridade*: o currículo integrado. Trad. Cláudia Schilling. Porto Alegre: Artes Médicas Sul, 1998.

TYACK, David; CUBAN, Larry. *En busca de la utopía*: un siglo de reformas de las escuelas públicas. 2. ed. Trad. Mónica Utrilla. México: Fondo de Cultura Económica, 2001. (Educación y Pedagogía.) [Original 1995.]

_____; TOBIN, William. The "grammar" of schooling: why has it been so hard to change? *American Educational Research Journal*, v. 31, n. 3, p. 453-79, Fall 1994.

VECHIA, Ariclê. Imperial Collegio de Pedro II no século XIX: portal dos estudos históricos franceses no Brasil. In: VECHIA, Ariclê; CAVAZOTTI, Maria Auxiliadora (Orgs.). *A escola secundária*: modelos e planos (Brasil, séculos XIX e XX). São Paulo: Annablume, 2003. p. 25-35.

VIDAL, Diana Gonçalves. *Culturas escolares*: estudo sobre práticas de leitura e escrita na escola pública primária (Brasil e França, final do século XIX). Campinas: Autores Associados, 2005. (Memória da Educação)

VIGOTSKY, Lev Semenovich. *Psicologia pedagógica*. Trad. Paulo Bezerra. São Paulo: Martins Fontes, 2001. (Col. Psicologia e Pedagogia.) [Original 1926.]

VIÑAO FRAGO, Antonio. ¿Fracasan las reformas educativas?: la respuesta de un historiador. In: SOCIEDADE DE HISTÓRIA DA EDUCAÇÃO (Org.). *Educação no Brasil*: história e historiografia. Campinas: Autores Associados; São Paulo: SBHE, 2001. p. 21-52. (Col. Memória da Educação.)

VINCENT, Guy; LAHIRE, Bernard; THIN, Daniel. Sobre a história e a teoria da forma escolar. *Educação em Revista*, Belo Horizonte, n. 33, p. 7-47, jun. 2001.

CAPÍTULO 3

Avaliação na escola básica: controvérsias e vicissitudes de significados

Sandra Zákia Sousa

Que significados vêm sendo atribuídos à avaliação nos contextos escolares?

Ao buscar, neste texto, problematizar possíveis controvérsias e vicissitudes de significados que a avaliação vem assumindo na escola básica, não tenho a pretensão de tratá-las como algo que possa ser generalizado para a totalidade das escolas. Nesse sentido é que falo em significados da avaliação, pois estes resultam da história, trajetória e projeto pedagógico de cada escola. A apreciação do lugar que ocupa a avaliação no trabalho escolar só pode se realizar quando se tomam para análise contextos e iniciativas concretas. Mesmo em redes que possuem orientações detalhadas para o conjunto das escolas, sabemos que são múltiplas as traduções e apropriações que são feitas das normas estabelecidas, resultando em concretização peculiar em cada escola.

Desse modo não tenho a intenção de construir uma resposta a esta indagação, dentre outras razões por reconhecer que são diversas as propostas e práticas de avaliação escolar que se desenvolvem, seja em relação à aprendizagem dos alunos, à autoavaliação institucional e mesmo às avaliações em larga escala.

Não almejo afirmar finalidades, contornos e efeitos da avaliação, positivos ou negativos, mas, sim, contribuir com a comunidade escolar, em especial seus profissionais, no sentido de destacar alguns aspectos que subsidiem análises e reflexões a serem desencadeadas no âmbito de cada escola. Daí o texto estar escrito menos em tom afirmativo e mais em tom provocativo, por meio de indagações que, entendo, merecem ser debatidas/respondidas por profissionais da educação que se colocam o compromisso de democratização do ensino e reconhecem ser a avaliação um instrumento de poder, que pode (ou não) ser utilizado para promover a escola de qualidade para todos.

Entendida como um instrumento político, a avaliação tanto pode servir à democratização, como pode ser utilizada como instrumento de discriminação escolar e social. Sua forma, seu conteúdo, o uso que se fizer de seus resultados, servem a um ou a outro propósito.

Analisar as finalidades da avaliação escolar é uma tarefa que hoje se impõe aos profissionais da educação, até mesmo porque as escolas têm sido cada vez mais chamadas a interagir com diferentes focos da avaliação. Se até os anos finais da década de 1980 o foco privilegiado era a avaliação da aprendizagem, na atualidade elas se veem envolvidas com iniciativas que, para além da avaliação do aluno, se voltam para a avaliação de instituições, de desempenho docente, de curso, de redes de ensino.

Que significados vêm assumindo essas avaliações e como vêm convivendo no espaço escolar? Tendo esta questão como eixo de organização deste texto, seguem-se considerações em torno de tópicos que têm se evidenciado como nucleares nos debates e embates acerca da avaliação escolar:

- avaliação da aprendizagem, escola seriada e repetência escolar;
- ciclos, progressão escolar e avaliação da aprendizagem;
- a avaliação do aluno e avaliação da escola;

- avaliação de desempenho docente e associação a incentivos;
- avaliação de desempenho dos alunos e seus usos pela escola.

As considerações que se seguem tomam como referência estudos que venho produzindo desde os anos 1980 no campo da avaliação educacional. Em relação à avaliação da aprendizagem, a partir de então, ela despontou pra mim como um dos fatores internos da escola que tanto pode servir a um projeto de democratização da educação, quanto pode se colocar como o principal instrumento de legitimação do fracasso escolar, acentuando o processo de discriminação e seleção social.

Seriação/repetência: noções ainda norteadoras do trabalho escolar?

Em tese, uma escola seriada não é, necessariamente, excludente e promotora do fracasso escolar de parcela dos alunos que nela ingressam. No entanto, é tal o significado que esta estrutura adquiriu historicamente, enquanto meio de naturalização do fracasso escolar, que se torna imprescindível pensar novas bases de organização do trabalho quando se tem como horizonte uma escola inclusiva, propósito usualmente anunciado desde as formulações de políticas educacionais até os planos específicos de cada escola. Nesse movimento, fundamental se faz um questionamento a principal finalidade a que vem servindo a avaliação na organização seriada, qual seja, servir à decisão de promoção ou retenção dos alunos.

O que se coloca é o desafio de constituição de uma nova escola, o que supõe:

> [...] incidir na produção de inovações que possam contribuir para estabelecer uma ruptura com as invariantes organizacionais dos estabelecimentos de ensino que se exprimem por modalidades estandardizadas e compartimentadas de organizar os espaços (a sala de aula), o

tempo (a aula de 50 minutos), os saberes (disciplinares), o agrupamento dos alunos (turma) e o trabalho dos professores (individual e solitário). Estas invariantes induzem modalidades de ação que repousam em crenças e representações há muito interiorizadas, a partir de um processo de 'naturalização' da instituição escolar, que torna familiar esta realidade, dificultando o seu questionamento crítico. Esta visão naturalizada da escola tende a ocultar que a organização escolar, tal como a conhecemos, corresponde a uma "invenção" histórica que admite diferentes futuros possíveis (Canário,1999, p. 278-9).

Traçar novas bases de organização da escola, incluindo-se a ruptura com a ideia de seriação não é simples, haja vista os entraves para tornar realidade políticas de ciclos e progressão continuada, que ensejam perspectivas, relações e interações diferentes daquelas dominantes nas concepções e práticas dos agentes escolares. Pesquisas têm denunciado que a organização do Ensino Fundamental em ciclos, implementada em redes estaduais e municipais de ensino no Brasil, muitas vezes, tem se traduzido em um mero arranjo aritmético das séries do Ensino Fundamental (Freitas, 2000; Frehse, 2001; Bertagna, 2003; Arcas, 2003; Alavarse, 2007; Mainardes, 2009; Sousa e Barretto, 2004). Para explicar tal constatação, destacamos, dentre outros, dois fatores:

- apesar de a implantação da progressão escolar e ciclos supor transformações na organização e dinâmica do trabalho escolar, usualmente têm se mantido inalterados alguns de seus demarcadores habituais, tais como: o ano letivo, os momentos de atribuição de notas ou conceitos, as formas de registro das avaliações, os procedimentos de atribuição de aulas e de elaboração dos planos de ensino, os critérios de organização das turmas, a divisão das disciplinas e horários de trabalho, a rigidez na distribuição dos tempos e nos usos dos espaços escolares.

- a tendência da sociedade e, em particular, da comunidade escolar, em aceitar a repetência como algo apropriado a um sistema educacional que se pretenda de qualidade, assumindo a seletividade e exclusão como inerentes à dinâmica escolar e social, o que se traduz em resistência a aceitação de perspectivas que se propõem a tornar realidade o direito de todos à educação, possibilidade potencialmente presente em alternativas que se contraponham à organização seriada do ensino.

Colocam-se, assim, duas dimensões que merecem ser discutidas em relação à organização do trabalho escolar, ou seja, às condições e bases em que ele se estrutura e os valores em que se assenta, que remetem ao debate sobre questões como: "Que condições vêm sendo viabilizadas para dar suporte à uma nova organização do trabalho escolar?; Que concepções e valores norteiam, de modo dominante, o trabalho escolar? Pode-se dizer que se está em processo de construção de uma nova organização escolar, mesmo em redes e escolas que implantaram uma organização não seriada de ensino?". Ou seja: "Está havendo um confronto com a cultura dominante nas instituições? E a avaliação da aprendizagem a que vem servindo?".

Avaliação da aprendizagem: com que finalidades?

Enfrentar o desafio histórico de democratizar a educação supõe, necessariamente, olharmos criticamente a escola. Para além dos condicionantes de natureza estrutural do Estado brasileiro, o fracasso escolar, há muito evidenciado e denunciado, é também expressão do modo como a escola está estruturada e organizada, o que impõe olhar criticamente suas regras, rituais, práticas, enfim, o conjunto de relações e interações que nela se estabelecem. Aí se insere o significado de analisarmos a avaliação que, tal como vem sendo tendencialmente compreendida e vivenciada na escola, constitui-se, essencialmente, em um instrumento de legitimação do fracasso escolar. Utilizada como meio de controle das condutas educacionais e sociais dos alunos, tem servido a uma prática discriminatória que acentua o processo de seleção social (Sousa, 1997).

O compromisso com a democratização do ensino supõe uma ruptura com a função classificatória da avaliação, impondo, em consequência, a vivência da avaliação com função de diagnosticar e estimular o avanço do conhecimento. Seus resultados devem servir para orientação da aprendizagem, cumprindo uma função eminentemente educacional.

O alvo é alcançar o sucesso escolar, como condição e direito de todos, rompendo-se com uma concepção classificatória e seletiva. Como manifesta Luckesi:

> O ato de avaliar, por sua constituição mesma, não se destina a um julgamento 'definitivo' sobre alguma coisa, pessoa ou situação, pois que não é um ato seletivo. A avaliação se destina ao diagnóstico e, por isso mesmo, à inclusão... (Luckesi, 1995, p. 180).

Apesar de tal perspectiva de avaliação de aprendizagem ter sido amplamente divulgada na literatura da área com penetração nas redes de ensino e também estar presente na legislação educacional, bem como incorporada ao discurso de grande parte dos profissionais da educação, são ainda tênues as alterações nas práticas escolares, mesmo em redes e escolas que adotam uma organização curricular não seriada. O que se constata, por meio das pesquisas que vêm sendo feitas sobre essa temática, é que, embora não se identifique, com a implantação dos ciclos e de progressão continuada, uma mudança mais significativa nas concepções e práticas de avaliação, ela passa a ser o centro dos debates dentro da escola, possibilitando, talvez, que concepções e práticas possam estar se transformando (Sousa e Barretto, 2004; Mainardes, 2009).

Nessa direção, faz-se, oportuno, discutir que eventuais alterações vêm ocorrendo em relação à avaliação da aprendizagem. Caminha em que direção — da inclusão escolar ou do descompromisso com o processo e resultados do ensino e da aprendizagem, na medida em que a finalidade classificatória deixa de ser o foco da avaliação? A ideia da repetência escolar vem sendo colocada em questão? As avaliações de desempenho, realizadas pelo governo federal, por governos estaduais e municipais, vêm condicionando o modo como se realiza a avaliação da aprendizagem?

Em relação à avaliação da aprendizagem, os estudos e debates há muito vêm ocorrendo nas escolas, embora ainda tenhamos muitos desafios a enfrentar para transformá-la em um instrumento de promoção do desenvolvimento de todos os alunos.

Avaliação da aprendizagem articulada à avaliação institucional?

Usualmente, a avaliação que se realiza de modo sistemático na escola é a direcionada para o aluno, sem que seus resultados sejam referenciados ao contexto em que são produzidos. Ou seja, o fracasso ou o sucesso escolar dos alunos tendem a ser interpretados em uma dimensão individual, não sendo tratados como expressão do próprio sucesso ou fracasso da escola (Sousa, 2006).

Retomo aqui parte de um texto que divulguei em 1995, que tratava dessa questão:

> Se por um lado, evidencia-se a necessidade de que sejam redirecionadas as finalidades a que vem servindo a avaliação da aprendizagem, por outro, impõe-se que seja vivenciada a avaliação da escola, de forma sistemática, para além da avaliação do aluno.

Tal posição reflete o entendimento de que a escola deve ser avaliada em sua totalidade, integrando a avaliação do desempenho do aluno, não sendo possível pensar-se em modificar a sistemática de avaliação vigente sem encarar uma transformação global da escola. É duplo o desafio que se coloca aos educadores:

- redirecionamento das práticas de avaliação da aprendizagem, com vistas a superar os desserviços e inadequações dessas práticas, quando se tem como propósito a democratização da escola; e

- construção de uma sistemática da avaliação da escola como um todo.

Em realidade, esses dois movimentos não são estanques, mas se concretizam de modo articulado entre si e, ainda, integram o projeto pedagógico e social da escola a ser construído por todos os participantes da ação educativa (profissionais da educação, alunos e pais).

A avaliação institucional, abrangendo a análise da escola como um todo, nas dimensões política, pedagógica e administrativa, tem como marco o projeto pedagógico e visa subsidiar seu contínuo aprimoramento, por meio do julgamento das decisões tomadas pelo coletivo da escola, das propostas delineadas e das ações que foram conduzidas e suas condições de realização e dos resultados que vêm sendo obtidos.

O ponto de partida para se discutir que perspectiva de avaliação institucional será adotada por uma dada escola é a resposta que ela construir às seguintes questões:

- Qual é o nosso projeto educacional?
- Quais os princípios que devem orientar a organização do trabalho escolar?
- Qual é o nosso compromisso com os alunos desta escola, e para além destes, com a construção de uma escola pública de qualidade?
- O que entendemos por qualidade?

Responder a essas questões resulta na explicitação de valores, intencionalidades, expectativas e compromissos dos participantes da ação educativa. E a avaliação, como dimensão intrínseca ao processo educacional, tem sentido à medida que contribuir para a construção dos resultados esperados.

Ressalta-se a importância da participação dos alunos e pais no processo de constituição da avaliação institucional. Lembro a importância:

> [...] do envolvimento dos alunos, modificando o papel que estes vêm tradicionalmente ocupando, relacionando-se com eles como sujeitos, e não mero objetos, da avaliação. Integrar os alunos no processo de avaliação de seu próprio desempenho e do trabalho da escola como um todo traduz o reconhecimento destes como interlocutores na gestão educacional, supondo transformação nas relações de poder e subordinação presentes na organização escolar (Sousa, 1997, p. 132).

E com relação aos pais, destaco que eles precisam:

> estar envolvidos no processo de transformação das práticas avaliativas, sendo informados sobre as inquietações, estudos e discussões que vêm ocorrendo entre os educadores, entre estes e os alunos e, mais do que informados, precisam ser estimulados a refletirem e criticarem o sentido da avaliação escolar. É um processo lento, que demanda a construção de uma nova relação com a escola, com o processo de escolarização dos filhos, onde o diálogo seja centrado na aprendizagem e não na "nota" ou no "conceito" obtido, como fins em si mesmos (Sousa, 1997, p. 133).

Ter-se o coletivo da escola como sujeitos da avaliação institucional é condição para a proposição de perspectivas de avaliação que se contraponham à tendência que tem sido dominante. O emergir de uma nova concepção e prática de avaliação integram o conjunto de definições de natureza filosófica, pedagógica e administrativa de cada contexto escolar, resultando, portanto, de decisões coletivas dos agentes escolares. Decisões essas que implicam o confronto de posições que se manifestam, também, em relação à avaliação, como condição para que se vivencie com transparência e responsabilidade a autoavaliação.

Ao se ter a perspectiva de delineamento da proposta de avaliação da escola, pelo coletivo, devem ser construídas respostas a questões como:

— Para que avaliar? (finalidade)

— O que avaliar? (objetos)

— Quem avalia? (sujeitos)

— Como avaliar? (procedimentos)

— Quando avaliar? (periodicidade)

Não existem respostas certas a essas questões, lembro que a qualidade da proposta avaliativa deve ser apreciada em relação direta com as características e o projeto de cada escola.

Avaliação de desempenho docente como integrante da avaliação institucional?

Entre outros dispositivos que tratam dos profissionais da educação e estatutos e planos de carreira para o magistério, a Lei de Diretrizes e Bases da Educação Nacional (LDBEN) n. 9.394, de 20 de dezembro de 1996, prevê, em seu art. 67, inciso IV, a "progressão funcional baseada na titulação ou habilitação e na avaliação de desempenho".

A partir de então cresce gradualmente a importância dada, nas políticas educacionais direcionadas à educação básica, à avaliação de desempenho docente nas redes de ensino, como uma das medidas destinadas a promover a qualidade do ensino. Se até os anos recentes os elementos usualmente considerados para a progressão na carreira eram titulação e tempo de serviço na profissão, a eles se agrega a avaliação de desempenho.

A avaliação de desempenho docente ganha significado como uma prática que subsidie decisões e ações de melhoria da realidade em análise, que se desenvolva tendo como referência pressupostos e critérios de julgamento que expressam uma dada concepção de melhoria da realidade avaliada. Os critérios de julgamento emanam da concepção de qualidade do trabalho escolar que se assume como referência, não sendo casuísticos e instáveis.

Ou seja, a avaliação é um meio que serve à concretização de um dado projeto, portanto, é essencial que se vislumbre que uso será feito de seus resultados na direção de que sirvam ao alcance dos propósitos almejados.

Com esse entendimento, o aspecto que se quer problematizar neste capítulo não é a importância de se avaliar o desempenho docente, mas o modo como tende a ser implementada essa medida nas redes de ensino e suas finalidades. Tomo como referência para essa afirmação o debate que se inicia no Brasil e tende a se intensificar, em que vem tendo realce medidas de redes de ensino que se pautam por uma análise individualizada de desempenho e que associam resultados a incentivos, como é o caso da rede estadual de São Paulo.

Atenção especial precisa ser dada à associação linear entre desempenho dos alunos em avaliações em larga escala e desempenho docente. Vale lembra que o desempenho dos alunos depende de diversos fatores, muitos deles fora do controle dos professores.

O que se quer destacar é que as iniciativas parecem convergir para encaminhar a avaliação de desempenho docente como medida isolada, ou seja, não integrada à avaliação institucional. Sem dúvida, entre os fatores que contribuem para o sucesso do trabalho escolar, está o desempenho docente e, nessa medida, este deveria ser um dos aspectos a serem considerados na avaliação, ao lado de outras dimensões.

Ressalta-se, no entanto, que, para além de uma análise sistemática do desempenho de alunos e professores, é pertinente a apreciação do desempenho de todos os integrantes e dos diversos componentes da organização escolar como, por exemplo, a atuação de outros profissionais da escola; os conteúdos e processos de ensino; as condições, dinâmicas e relações de trabalho; os recursos físicos e materiais disponíveis; a articulação da escola com a comunidade e com grupos organizados da sociedade, e as relações da escola com outras escolas e instâncias do sistema educacional.

Esse encaminhamento remete a uma articulação da avaliação de desempenho docente ao processo de avaliação institucional.

Também, há que se atentar para o olhar individualizado que usualmente vem orientando os debates de iniciativas de julgamento de desempenho docente, ou seja, a suposição é a de que bons resultados serão alcançados pela escola em decorrência da somatória de desempenhos individuais adequados. O foco é o desempenho pessoal, estando ausente qualquer perspectiva de avaliação das condições e relações de trabalho em que o desempenho docente é produzido.

Lembro, ainda, que, além da focalização da avaliação em desempenhos individuais, é comum excluírem-se dela agentes ocupantes de cargos de confiança e chefias, cujos desempenhos, sem dúvida, deveriam ser avaliados dentro dos parâmetros de qualidade definidos.

Muitas vezes o procedimento adotado na condução das avaliações é se eleger como avaliador o superior imediato dos docentes, estabelecendo-se uma via de mão única. Esse encaminhamento, além de evidenciar o apoio a possíveis práticas autoritárias, não raras vezes identificadas nas relações chefe-subordinado, desconsidera a apreciação que o professor tenha de seu próprio desempenho e de seu superior hierárquico. Uma relação de diálogo, abertura e confiança entre os que integram a organização escolar não é estimulada com uma avaliação pautada por tal procedimento.

Essa abordagem simplifica a complexidade do trabalho escolar, que resulta de um conjunto de fatores que se interpenetram e, entre eles, das relações e interações que se estabelecem entre os profissionais da escola e do compromisso coletivo com um dado projeto educacional e social.

O desempenho docente depende não apenas de competências ou habilidades individuais, mas também das condições contextuais de sua atuação, particularmente os compromissos e propostas

AVALIAÇÃO DAS APRENDIZAGENS

estabelecidas pelo coletivo da escola e as condições de produção do trabalho escolar.

Tomar-se a avaliação de desempenho como expressão de pressupostos e critérios de julgamento oriundos de uma dada concepção de melhoria da realidade escolar, creio, encerraria maior potencialidade de induzir o aprimoramento do desempenho do conjunto dos profissionais da escola.

Quanto ao propósito da avaliação de desempenho, o que tem sido anunciado é a sua potencialidade de contribuir para promover a qualidade do ensino, subsidiando ações de formação e aperfeiçoamento docente, o que resultaria em iniciativas direcionadas a investimentos em ações de aprimoramento profissional. Porém, o que tem tido maior visibilidade são as propostas de uso de resultados com fins classificatórios, com repercussões na carreira e salário. Ações dessa natureza respaldam-se na crença de que os tradicionais parâmetros de organização da carreira docente "não estimulam, promovem o igualitarismo e desanimam, por omissão, a iniciativa docente" (Morduchowicz, 2003, p. 38).

É urgente o envolvimento dos profissionais da educação no debate acerca da avaliação de desempenho docente e seus desdobramentos. O que se espera com essa avaliação? Pode servir a que finalidades? Como dar consequência aos seus resultados, sem que se incorporem prêmios e punições? É possível articulá-la de modo consequente à avaliação institucional? Como podem ser utilizados os resultados da avaliação para (re)valorização dos professores? Como conduzir o processo de avaliação docente para que este tenha potencial de contribuir para a melhoria do trabalho escolar?

Avaliação de desempenho dos alunos: atenção aos seus limites

Todas as escolas e redes de ensino veem-se hoje envolvidas com as iniciativas de avaliação de desempenho dos alunos realizadas pelo

Ministério da Educação (MEC), além daquelas elaboradas por estados e municípios, denominadas avaliações em larga escala ou avaliações de sistema.

As avaliações de sistema vêm sendo conduzidas pelo MEC desde os anos 1990. Mas, parece que só recentemente seus resultados começam a ser utilizados de modo sistemático, tanto pelos formuladores e implementadores de políticas educacionais, quanto pelas escolas. Ao que parece, as resistências a essas iniciativas ou a desconsideração de seus resultados, expressas nos anos iniciais de sua implantação, vêm gradualmente sendo substituídas pela busca de interpretação e pelo uso de seus resultados, seja pelos que atuam em órgãos centrais ou intermediários das Secretarias de Educação, seja pelos profissionais que atuam na escola.

A criação pelo Ministério da Educação do Indicador de Desenvolvimento da Educação Básica (IDEB),[1] que leva em conta resultados da Prova Brasil, além de dados do Censo Escolar, relativos à aprovação, e a definição de metas a serem alcançadas pelas redes públicas de ensino e escolas até 2021 são iniciativas que estão mobilizando redes de ensino e escolas a buscar compreender e valer-se dos resultados das avaliações de sistema no planejamento do trabalho.

As avaliações de sistema, com provas padronizadas, trazem informações que possibilitam a comparabilidade de desempenho dos alunos em Língua Portuguesa e Matemática,[2] tendo como referência padrões gerais estabelecidos, fornecendo subsídios para o planejamento. No entanto, não dão conta da amplitude e complexidade do trabalho escolar.

Ao tempo em que sejam consideradas as contribuições que podem trazer as avaliações de sistemas para a formulação de políticas

---

1. O IDEB foi criado pelo Instituto Nacional de Estudos e de Pesquisas Educacionais Anísio Teixeira (INEP), órgão vinculado ao Ministério da Educação. Para informações mais detalhadas sobre o IDEB consultar: <http://www.inep.gov.br>. Ver Fernandes (2007).

2. Estas são as áreas de conhecimento usualmente consideradas nas avaliações externas, no entanto, há sistemas de avaliação de estados e municípios que abrangem outras áreas.

educacionais e para o planejamento do trabalho escolar, devem também ser considerados seus limites.

Um deles, que se quer ressaltar, é que essas avaliações restringem-se aos resultados de desempenho dos alunos, em geral, em provas de português e matemática, não contemplando nem todas as áreas de conhecimento que são tratadas na escola, nem as diversas dimensões em que se trabalha com o aluno no âmbito da escola, especialmente no nível de atitudes.

Outro aspecto a ponderar é o fato de que, usualmente, não se incorpora, na análise dos resultados, um exame dos fatores associados. Ou seja, os níveis de proficiência dos alunos, obtidos por meio das provas, não são interpretados à luz das características e condições da rede de ensino, da escola e de seus alunos.

É oportuno ainda destacar que, dependendo do modo como forem divulgados e explorados os resultados das avaliações, corre-se o risco de se intensificar desigualdades educacionais, com impactos na segmentação de professores e escolas. Daí deve-se atentar para não utilizar os resultados com fins classificatórios.

O que quero enfatizar é que não se pode restringir a concepção de qualidade do ensino aos resultados das avaliações externas, correndo-se o risco de limitar avaliação da aprendizagem à avaliação de desempenho, não se diferenciando as noções de medida e avaliação.

Vale lembrar o artigo de Luckesi (1990) intitulado "Verificação ou Avaliação: o que pratica a escola?", no qual o autor aborda os conceitos de verificação e avaliação, diferenciando suas finalidades e trazendo informações que suscitam uma análise das práticas escolares de avaliação. Esse texto teve grande penetração junto às redes de ensino, subsidiando debates acerca da necessidade de as escolas vivenciarem a avaliação, para além da medida de desempenho dos alunos. Diz o autor:

> A avaliação, diferentemente da verificação, envolve um ato que ultrapassa a obtenção de configuração do objeto, exigindo decisão do que fazer *ante* ou *com ele*. A verificação é uma ação que "congela" o objeto;

a avaliação, por sua vez, direciona o objeto numa trilha dinâmica de ação. [...], no geral, a escola brasileira opera com a verificação e não com a avaliação da aprendizagem (Luckesi, 1990, p. 6).

Retomam-se as considerações de Luckesi, pois as avaliações em larga escala podem estar reintroduzindo ou fortalecendo nas escolas a noção de medida como sinônimo de avaliação. Medir o conhecimento adquirido pelo aluno é parte da avaliação, mas não é condição obrigatória, e nem mesmo suficiente, para que a avaliação se realize.

Nessa direção, é oportuna a menção à pesquisa realizada por Arcas (2009), que focalizou a rede estadual paulista, buscando compreender como vêm convivendo na escola a lógica da avaliação formativa, induzida pela progressão continuada, e a da medida de desempenho, realizada pelo Sistema de Avaliação do Rendimento Escolar do Estado de São Paulo (Saresp). Ao analisar eventuais alterações ocorridas na avaliação, induzidas pela implantação dessas medidas, conclui que tanto a progressão continuada quanto o Saresp incidem na avaliação escolar. A progressão continuada tende a influenciar mais o discurso do que as práticas avaliativas, discurso este que dá ênfase à função formativa da avaliação. O Saresp vem assumindo, gradualmente, o papel de orientador de práticas escolares, reintroduzindo o lugar de destaque que tradicionalmente as provas ocupam no processo de escolarização, com fim classificatório e, em decorrência, a noção de verificação ganha destaque em detrimento da avaliação formativa.

O que se quer realçar é o risco de se pautar o trabalho escolar e, em consequência, a avaliação escolar exclusivamente pelos resultados das avaliações em larga escala. Daí ser oportuna a discussão de como a escola está agindo ou reagindo a essas iniciativas. Como a escola tem lidado, por um lado, como uma concepção de avaliação que visa ao acompanhamento e ao estímulo ao desenvolvimento dos alunos, tendo em conta as diferenças individuais e mesmo de origem de classe social e, por outro lado, com a avaliação externa que dá centralidade à mensuração de desempenho dos alunos em testes, definindo padrões a serem atendidos pelos alunos em determinada etapa de escolarização.

Ou seja, as avaliações externas começam a pautar alguns parâmetros de desejabilidade no processo de escolarização (Sousa, 2002).

No limite, o que está em questão são as especificidades das funções e finalidades da avaliação da aprendizagem e da avaliação de desempenho.

Abrindo o debate

Finalizando, espero ter cumprido o propósito anunciado: suscitar o debate acerca de como vem sendo concebida e vivenciada a avaliação escolar, caracterizando-a como um instrumento de poder, que pode (ou não), como já alertado nas considerações anteriores, ser utilizado para promover a escola de qualidade para todos. Não é um tema novo na literatura da área, mas é atual considerando os persistentes dados de fracasso escolar.

Enfrentar o desafio de construir novos significados para a avaliação escolar passa, necessariamente, por compreender e analisar os tradicionais significados que têm norteado as práticas escolares, de modo dominante. Dispor-se a indagar a que finalidades a avaliação vem servindo é um caminho promissor para sua transformação.

Referências

ALAVARSE, Ocimar Munhoz. *Ciclos ou séries*: a democratização do ensino em questão. Tese (Doutorado em Educação) — Universidade de São Paulo, São Paulo, 2007.

ARCAS, Paulo Henrique. *Avaliação da aprendizagem no regime de progressão continuada*: o que dizem os alunos. Dissertação (Mestrado em Educação) — Universidade de São Paulo, São Paulo, 2003.

ARCAS, Paulo Henrique. *Implicações da progressão continuada e do Saresp na avaliação escolar*: tensões, dilemas e tendências. Tese (Doutorado em Educação) — Universidade de São Paulo, São Paulo, 2009.

BERTAGNA, Regiane Helena. *Progressão continuada*: limites e possibilidades. Tese (Doutorado em Educação) — Universidade de Campinas, Campinas, 2003.

BRASIL. Lei de Diretrizes e Bases da Educação Nacional. Lei n. 9.394, de 20 de dezembro de 1996. *DOU*, 23 dez. 1996.

CANÁRIO, R. O professor entre a reforma e a inovação. In: BICUDO, M. V.; SILVA JÚNIOR, C. (Orgs.). *Formação do educador*: organização da escola e do trabalho pedagógico. São Paulo: Unesp, 1999. v. 3, p. 271-89.

FERNANDES, Reynaldo. *Índice de Desenvolvimento da Educação Básica (Ideb)*. Brasília: Instituto Nacional de Estudos e Pesquisas Educacionais Anísio Teixeira (Inep), 2007. 26 p. (Série Documental. Textos para Discussão, v. 26.)

FREHESE, Eike. *Democratização em xeque?* Vicissitudes da progressão continuada no ensino paulista em 1999. Dissertação (Mestrado em Educação) — Universidade de São Paulo, São Paulo, 2001.

FREITAS, José Cleber de. *Cultura e currículo*: uma relação negada na política do sistema de progressão continuada no Estado de São Paulo. Tese (Doutorado) — Pontifícia Universidade Católica, São Paulo, 2000.

JUNIOR, C. (Org.) *Formação do educador*: organização da escola e do trabalho pedagógico. São Paulo: Unesp, 1999. v. 3, p. 271-89.

LUCKESI, Cipriano Carlos. Verificação ou avaliação: o que pratica a escola? *Ideias*, Fundação para o Desenvolvimento da Educação, São Paulo, n. 8, p. 71-80, 1990.

_____. *Avaliação da aprendizagem escolar*. São Paulo: Cortez, 1995.

MAINARDES, Jefferson. A pesquisa sobre a organização da escolaridade em ciclos no Brasil (2000-2006): mapeamento e problematizações. *Revista Brasileira de Educação*, v. 14, n. 40, jan./abr. 2009.

_____. *Escola em ciclos*: fundamentos e debates. São Paulo: Cortez, 2009. (Col. Questões da Nossa Época, v. 137.)

MORDUCHOWICZ, Alejandro. Carreiras, incentivos e estruturas salariais docentes. *Preal Documento*, n. 23, jun. 2003.

SÃO PAULO (Estado). *Instrução conjunta CENP — COGSP — CEI*. Sobre reorganização curricular, progressão continuada e jornada escola. Mar. 1998.

_____. Secretaria da Educação. Diretrizes educacionais para o Estado de São Paulo, no período de janeiro de 1995 a 31 de dezembro de 1998. *Comunicado SE*, São Paulo, 22 mar. 1995 [este documento é uma republicação do *São Paulo* (Estado)]. Conselho Estadual de Educação. Deliberação CEE n. 9/1997 e Indicação CEE n. 8/97 de 5 de agosto de 1997. Institui a progressão continuada.

SOUSA, S. Z. Avaliação escolar: constatações e perspectivas. *Revista de Educação AEC*, Brasília, ano 24, n. 94, p. 59-66, jan./mar. 1995.

_____; BARRETTO, E. S. de S. (Coords.). *Estado do conhecimento*: ciclos e progressão escolar (1990-2002). São Paulo: Universidade de São Paulo, 2004. (Relatório de Pesquisa.)

SOUSA, Sandra M. Zákia L. et al. Construindo o campo e a crítica: o debate. In: FREITAS, L. C. *Avaliação*: construindo o campo e a crítica. Florianópolis: Insular, 2002.

SOUSA, Sandra M. Zákia L. A avaliação na organização do ensino em ciclos. In: KRASILCHIK, Miriam (Org.). *USP fala sobre Educação*. São Paulo: FE-USP, 2000. p. 34-43.

_____. *Avaliação da aprendizagem na escola de 1º grau*: legislação, teoria e prática. Dissertação (Mestrado) — Pontifícia Universidade Católica, São Paulo, 1986.

_____. Avaliação escolar e democratização: o direito de errar. In: AQUINO, J. G. (Org.). *Erro e fracasso na escola*: alternativas teóricas e práticas. São Paulo: Summus, 1997. p. 125-39.

_____. Avaliação institucional: elementos para discussão. In: LUCE, M. B.; MEDEIROS, I. L. P. (Orgs.). *Gestão escolar democrática*: concepções e vivências. Porto Alegre: Ed. da UFRGS, 2006.

_____; ALAVARSE, Ocimar Munhoz. A avaliação nos ciclos: a centralidade da avaliação. In: FREITAS, Luiz Carlos de; GATTI, Bernadete A.; SOUSA, Sandra Maria Zákia Lian (Orgs.). *Questões de avaliação educacional*. Campinas: Komedi, 2003. p. 71-96. (Série Avaliação: construindo o campo e a crítica.)

_____. Ciclos: inclusão escolar. *Ciclos em Revista*, Rio de Janeiro, n. 4, p. 213-32, 2008.

CAPÍTULO 4

Por que avaliar as aprendizagens é tão importante?

Claudia de Oliveira Fernandes

A questão inicial que se coloca e que se relaciona grandemente com a avaliação das aprendizagens é o debate acerca da função social da escola. Qual o papel da escola hoje na vida das pessoas? Para que e por que as crianças e os jovens do século XXI vão à escola? Estabelecido esse debate, outro se faz em seguida: por que e para que avaliamos na escola? Essas são perguntas de base. O como avaliar são perguntas secundárias, não menos importantes, mas cujas respostas dependem das primeiras.

Mas, afinal, para que avaliamos os alunos que têm direito constitucional de frequentar o Ensino Fundamental e a Educação Básica? Para que aprendam ou para ensiná-los que se vai à escola para passar de ano? O ideal de passar de ano é uma construção social e histórica que tem como ideia de fundo uma concepção classificatória e, portanto, quase sempre, excludente. A crença de que, se não há prova, o aluno não estuda e, consequentemente, não aprende está diretamente relacionada à crença de que se estuda para fazer prova. Essa lógica linear que habita nosso cotidiano e guia nossas ações dificulta outras possibilidades de atuação dos professores e professoras, alunos e alunas no espaço escolar. A compreensão de que a avaliação é um processo e não uma medida ou um produto ainda precisa ser construída. A ideia de avalia-se para aprender ainda está em construção. Há um descompasso entre discursos e práticas (Fernandes, 2012). É possível uma avaliação sem fins de reprovação? É possível uma avaliação sem classificação?

Ao longo do texto, serão levantados pontos que compõem um necessário quebra-cabeça em torno do qual se constrói a avaliação, posto que avaliar é uma atividade complexa, totalmente desprovida de neutralidade e de objetividade, como ingenuamente desejaríamos que fosse. Os pontos destacados nas subseções deste capítulo pretendem responder à pergunta do título, qual seja: por que avaliar as aprendizagens é tão importante?

A inevitável relação entre avaliação escolar e qualidade em educação

Uma questão que se relaciona fortemente com a avaliação escolar é o debate em torno da qualidade da educação. Tal relação tem se tornado cada vez mais central, em especial nas últimas duas décadas (Franco, Fernandes, Bonamino, 2000; Cury, 1999; Sousa, 2000; Oliveira e Araujo, 2005). Tal relação pode e deve ser abordada, pelo menos, por duas perspectivas. A primeira refere-se às avaliações externas, estratégia fortemente adotada e presente nas políticas públicas tanto federais quanto estaduais e municipais como forma de garantir e melhorar a qualidade oferecida pelos sistemas educacionais. Essa perspectiva deve ser problematizada por diferentes ordens que não só as educacionais, mas políticas, econômicas, culturais. Há que se fazer também uma necessária problematização do fato de que tais avaliações têm se tornado, em muitos casos, um fim em si mesmas. A segunda perspectiva é a que se configura a partir das práticas de avaliação engendradas e cotidianizadas em nossas escolas. A temática da relação avaliação e qualidade em educação não se esgota nessas

AVALIAÇÃO DAS APRENDIZAGENS

duas perspectivas devido à sua complexidade e sua importância. Entretanto, cumpre-nos chamar a atenção para os aspectos fundantes de uma lógica escolar que nos faz crer que a avaliação meritocrática e seletiva é garantia de uma educação de qualidade. Resta-nos refletir sobre o que entendemos por qualidade em educação. Em outro estudo (Fernandes e Nazareth, 2012), apresentamos a argumentação de que se tem atrelado a concepção de uma escola de qualidade aos resultados de desempenho dos estudantes. Tal perspectiva desconsidera que qualidade em educação é termo polissêmico e que a educação escolar, por ser uma prática social e ter como uma de suas funções a formação cidadã, não pode ser avaliada em sua função social, apenas por exames de proficiência e desempenho em disciplinas escolares. Discutimos essa questão a partir da ideia de qualidade negociada (Freitas, 2005) como uma alternativa mais coerente com as discussões científicas contemporâneas no campo da educação e, principalmente, na avaliação educacional. Pretendemos abordar qualidade tendo como referência a lógica escolar, ou seja, a partir da lógica escolar que adotamos, concebemos a qualidade. Portanto, a qualidade está diretamente relacionada, mas não determinada, pela lógica que irá guiar nossas opções e escolhas curriculares, pedagógicas e práticas cotidianas na sala de aula ou fora dela. Tomando como base a complexidade (Morin, 1995) com a qual nossos pensamentos se organizam e as relações que se estabelecem, adotamos a palavra lógica em sua pluralidade, ou seja, na escola, não circula apenas uma lógica, mas diferentes e, às vezes, conflitantes lógicas organizam-se e embasam as práticas, as ações e decisões escolares.

Inicialmente, faz-se necessário, entender com qual concepção de lógica escolar se trabalhou para que as análises fossem tecidas ao longo deste capítulo. Tomou-se lógica como uma forma de organizar o pensamento que irá guiar ações e formas de ver as coisas e o mundo que nos cerca. Nesse sentido, a lógica escolar é aquela que guia e organiza as ações, as estratégias e as decisões relacionadas ao fazer pedagógico. Sabemos que tais ações e decisões são permeadas não só pela cultura escolar (Sacristán, 1996; Forquin, 1993), mas também pelas diferentes culturas que constituem e são constituídas pelos sujeitos na escola (Candau, 2000). Como a(s) cultura(s) de um grupo está(ão) fortemente relacionada(s) aos princípios e valores desse grupo, podemos argumentar que as formas de conceber a educação, bem como as formas de organizá-la para consolidar seus princípios estão fortemente associadas aos valores e princípios que balizam o projeto educativo.

As formas de organização da escola e as concepções de avaliação

Podemos entender que a escola ocidental, moderna e, especificamente, a escola brasileira foram organizadas a partir de uma lógica seriada que teve como base a constituição do pensamento iluminista e positivista dos séculos XVIII e XIX. Alguns modos de pensar estiveram presentes na gênese da escola seriada: pensamento linear; a busca de uma única verdade e absoluta; o homem como um ser racional capaz de dar respostas a tudo que lhe é solicitado ou desafiado; concepção de conhecimento neutro; ciência isenta de ruídos culturais, afetivos, sociais, e currículo enciclopedista.

A introdução dos ciclos ou de sistemas não seriados e a recomendação de não reprovação das crianças nos três primeiros anos do Ensino Fundamental têm forçado a escola a conviver com diferentes lógicas de concepção do tempo e do espaço escolares e, consequentemente, dos diferentes valores e princípios que, por vezes, podem ser excludentes.

No Brasil, podemos encontrar, comumente, duas referências aos ciclos: ciclos de formação ou ciclos de aprendizagem. Resguardadas as devidas diferenças, os princípios — da diferença, da heterogeneidade, da autonomia, dos diferentes tempos e ritmos de aprendizagem, do trabalho em equipe, do conhecimento construído e partilhado e da verdade provisória — sustentam teoricamente uma nova lógica de se pensar e organizar a escola.

Considerando o sistema educacional brasileiro conservador em razão da "cultura da repetência", os ciclos seriam uma versão radical de uma escolaridade sem reprovações ou um mínimo delas. Porém, é possível implementar uma política de não reprovação sem que necessariamente a escolaridade esteja organizada em ciclos. Entretanto, resguardadas as exceções, a estreita relação entre ciclos e não reprovação existe, uma vez que a implantação deles acaba, em princípio, com a reprovação, na medida em que um ciclo rompe com a ideia de uma programação ou um planejamento de atividades curriculares anuais. Pressupõe, portanto, um novo conceito de ano letivo, não vinculado necessariamente ao tempo das programações que passam a ser pensadas em ciclos de dois, três, quatro ou mais anos, levando-se em consideração as diferenças de ritmo de aprendizagem dos estudantes e, da mesma forma, perseguindo ou não um ponto de chegada comum àquela geração escolar.

A organização da escolaridade e a forma como os estudantes avançam em seu processo de aprendizagem são construções e decisões que se relacionam à concepção que se tem da educação escolar e da função social da escola. São construções históricas e culturais. Nesse contexto, as concepções de avaliação e as práticas avaliativas associam-se a uma ou outra forma de organizar a escola e o ensino. Eu diria, umas ou outras, pois muitas são e podem ser as formas de se organizar a escola e o ensino. Considerando a complexidade do ato de ensinar e de aprender, podemos compreender que muitas são as formas de se conceber a avaliação e de praticar a avaliação: desde a utilização de testes e provas, tendo-os como as únicas tarefas avaliativas legítimas, até formar a ideia de que todas as tarefas e trabalhos cotidianos são atividades de avaliação. Entre uma prática e outra, existem diversas possibilidades de praticar e conceber a avaliação na escola. Algumas práticas se coadunam com a perspectiva de que o conhecimento é algo possível de ser medido; outras se aproximam da concepção de que as aprendizagens são distintas, por isso a avaliação subjetiva se aproxima de um processo que envolve diferentes etapas e tarefas; ainda podemos encontrar práticas que nos revelam que se avalia para que as aprendizagens se realizem, pois sem avaliar não é possível aprender. Enfim, as formas de avaliar são coerentes com as concepções de ensino, de escola e da relação entre a avaliação e o papel social da escola.

Avaliar para aprender ou avaliar para aprovar ou reprovar?

Tradicionalmente, nossas experiências em avaliação têm sido marcadas por uma avaliação classificatória, seletiva e, muitas vezes, excludente. Dessa forma, pensar um sistema de avaliação mais coerente com uma perspectiva democrática de escola implica, por parte dos professores e profissionais da educação, um comprometimento pedagógico e político marcado pela lógica da inclusão, do diálogo, da construção da autonomia, da mediação, da participação e da construção da responsabilidade com o coletivo.

Mas, para isso, um desafio se impõe: como tornar a avaliação dos processos de aprendizagem interativos, dialógicos? Como abrir mão da ideia de que, no momento em que o estudante está sendo avaliado, não se deve interferir? A interferência aparecerá no resultado? E se aparecer, qual o problema? Afinal, para que se avalia? Para provocar mais e mais possibilidades de aprendizagens?

Entendemos que, por meio da avaliação, os estudantes sejam orientados a realizar seus trabalhos e suas aprendizagens, o que os ajuda a localizar suas dificuldades e suas potencialidades, redirecionando-os em seus percursos. Outro aspecto fundamental de uma avaliação que busca uma participação mais ativa do sujeito em seu processo de aprendizagem diz respeito à possibilidade de construção da autonomia a partir das práticas avaliativas, na medida em que é solicitado ao estudante um papel ativo em seu processo de aprender. Ou seja, a avaliação, tendo como foco o processo de aprendizagem, numa perspectiva de interação e de diálogo, coloca também no estudante e não apenas no professor, como ocorre tradicionalmente, a responsabilidade por seus avanços e suas necessidades. Em um estudo produzido a partir de alguns questionamentos e diálogos com professores, Fernandes (2012) afirmou que ainda não foi incorporada em nossa prática cotidiana a autoavaliação, embora ela aconteça informalmente, em diferentes momentos e situações. Na maioria das vezes, quando é realizada, aparece de forma assistemática ou apenas em determinados momentos do ano letivo, quase que separada de todo o processo. A autoavaliação ainda não faz parte da cultura escolar brasileira. Por que insistimos em sua importância? Se queremos sujeitos autônomos, críticos, por que não incorporá-la? Por que ainda insistimos numa avaliação que não contempla em seu planejamento o aprendizado e que, portanto, não fica coerente com as teorias mais contemporâneas do campo da avaliação? Por que insistimos nessa contradição? Numa concepção mais tradicional, cujo foco do processo de ensino e aprendizagem é o professor, há coerência com a prática de avaliação cujos critérios e expectativas estejam somente a cargo do mestre. No entanto, orientar a avaliação para uma prática emancipatória, contemplando a autoavaliação, torna-se um pressuposto.

Tradicionalmente, a escola brasileira está pautada por uma pedagogia fundamentada no acerto e erro, na aprovação ou na reprovação, portanto num conceito de avaliação que se norteia por valorizar aquilo que não se aprendeu, e não o que já foi aprendido ou está na iminência de acontecer. Sabemos que mudar a prática estabelecida é algo demorado, que envolve uma série de disposições incorporadas nos sujeitos: valores, crenças, atitudes e conhecimentos. A ação do professor traz reflexos de nossa cultura e de nossas práticas vividas, ainda muito impregnadas pela lógica da classificação e da seleção quanto à avaliação escolar. Instaurar uma cultura avaliativa, no sentido de uma avaliação entendida como parte inerente do processo e não desvinculada da atribuição de nota, é tarefa não muito fácil.

Um exemplo disso é o uso das notas escolares que colocam os avaliados em uma situação classificatória. Nossa cultura meritocrática naturaliza o uso das notas a fim de classificar os melhores e os piores avaliados. Em termos de educação escolar, os melhores seguirão em frente, os piores voltarão para o final da fila, refazendo todo o caminho percorrido ao longo de um período de estudos. Essa concepção é naturalmente incorporada em nossas práticas e nos esquecemos de pensar sobre o que, de fato, está oculto e encoberto por ela.

Transformar a prática avaliativa em prática de aprendizagem está diretamente relacionado com a forma como o sistema de avaliação é concebido e com os instrumentos e a metodologia de avaliação adotada.

Uma prática com ênfase no processo e não somente no desempenho, que não utilize a prova como o único instrumento, coloca a avaliação no centro das aprendizagens. Entendida como um elemento fundamental do processo de ensino e de aprendizagem, a avaliação não deve ser confundida com prova ou teste. Provas e testes não são sinônimos de avaliação, mas instrumentos que podem ajudar no processo de avaliar os alunos, dependendo da forma como são utilizados. É importante ainda que exista uma grande variedade de instrumentos para que o processo de avaliação seja o mais diversificado possível.

Avaliar é necessário e condição para a mudança da prática de aquisição do conhecimento.

A avaliação pode ser compreendida ainda como uma leitura orientada da realidade (Hadji, 2001). Uma leitura em que sentido? Uma leitura é sempre seletiva. O leitor levanta indícios para construir sentido de acordo com as informações disponíveis em sua estrutura cognitiva. Leitura não é medida, mas sim orientada por um sistema de expectativas julgadas legítimas, que constitui o referente da avaliação.

Enfim, avaliamos para aprender ou para aprovar/reprovar os estudantes?

Tal questionamento, a princípio, parece ter uma simples resposta: é importante que nossas crianças e nossos jovens aprendam aquilo que a escola ensina e que a avaliação os ajude nessa tarefa, pois é para isso que vão à escola. Porém, ao escutarmos os estudantes, eles nos dizem que estudam para fazer provas e não para aprender coisas novas. Os professores, por sua vez, dizem aos alunos que devem estudar para fazer as provas e os testes. A naturalização na cultura escolar em relação à realização de provas e exames denuncia o papel social que, na prática, fica destinado à escola: aprovar ou reprovar para certificar.

AVALIAÇÃO DAS APRENDIZAGENS

Nos últimos anos, a avaliação em larga escala tem servido para justificar as políticas educacionais contemporâneas. Fica-nos o importante trabalho de desvelar, para além do discurso, a política educacional que os testes pretendem justificar. Como afirma Esteban (2008), não é possível silenciar a polissemia e invisibilizar os sujeitos em relação ao que entendemos sobre o que é qualidade na educação. Há um discurso hegemônico que coloca em segundo plano diversas vozes que se avolumam no cotidiano da escola. Por essa razão, para tal desvelamento, é importante destacar a necessária reflexão e produção de conhecimento por meio das pesquisas para esse fenômeno contemporâneo da educação mundial. A pergunta *avaliar para aprender* deve ser feita também considerando as fortes políticas atuais de exames geradores de índices que ditam a qualidade da educação, aspecto já discutido anteriormente neste capítulo. Para compreender os efeitos dos testes e nos aprofundar na reflexão acerca das políticas educacionais, é fundamental observar e investigar o cotidiano das escolas. O que vem acontecendo nas escolas com a naturalização da aplicação de testes de larga escala? Seu projeto político-pedagógico se alterou? Os professores modificaram suas práticas? Os estudantes se reorganizaram a partir dos resultados? Os planejamentos se modificaram? Os tempos e espaços se alteraram? A formação docente também sofreu mudanças, bem como a gestão? Inúmeras podem ser as perguntas e infinitas as respostas.

Recentes pesquisas (Fernandes, 2011; Calzavara, 2011; Costa, 2011; Ramalho, 2012) apontam que o cotidiano da escola vem sendo marcado sobremaneira por uma rotina de treinamento e aplicação de testes. Alguns resultados têm mostrado que as práticas são alteradas em seu cotidiano, especialmente quando os exames vêm acompanhados de uma política de meritocracia. Tal política tem causado impactos no dia a dia das diferentes escolas. Eles podem ser positivos, ou seja, trazer de fato crescimento e compromisso para o projeto da escola, bem como ter efeitos negativos, danosos, do ponto de vista educativo e até ético.

São efeitos que se relacionam a um projeto de sociedade. As políticas relacionadas à performatividade, atribuindo prêmios aos docentes, impedem que outro projeto se imponha, qual seja: salários dignos e valorização da profissão. Outro aspecto associado ao projeto de sociedade relaciona-se à reflexão sobre o que esperamos de nossos estudantes: que respondam bem às questões de teste ou que pensem? A capacidade de argumentação, a oralidade, o raciocínio, o desenvolvimento do pensamento, a construção de conceitos devem ser os aspectos mais importantes do planejamento dos professores. As pesquisas demonstram que as questões dos testes de larga escala vêm sendo utilizadas como exercícios de treinamento nas aulas. Entendemos que essas questões são seríssimas do ponto de vista do projeto de escola que queremos e, em última instância, o projeto de nação.

Com base nas pesquisas, considerando a complexidade e as diferenças existentes no cotidiano das escolas, observamos que uma boa parte dos professores[1] entende que aplicar um teste, uma prova, é uma forma fidedigna de avaliar seu aluno, tomando o exame como um instrumento capaz de avaliar a aprendizagem. Evidencia-se que, apesar de os professores afirmarem que compreendem a avaliação como um processo que envolve diferentes etapas e momentos, boa parte se satisfaz com a aplicação de testes para orientar seu trabalho e para designar uma nota ou conceito aos alunos. Da mesma forma, no nível macro, eles entendem que, por meio da aplicação de uma prova, que gera um índice, avalia-se o sistema educacional. Essa porção do professorado acredita ser isso uma avaliação legítima, uma vez que se obtém a fidedignidade dos resultados da aprendizagem. Portanto, há um grupo que ainda entende avaliação como medida, embora, em seu discurso, não mais apareça dessa forma, pois a perspectiva da avaliação formativa tem-se tornado hegemônica nas prateleiras das livrarias, nas aulas de graduação em licenciatura e nos textos legais. Há outro grupo de professores que acredita ser impossível medir aprendizagem, pois eles entendem que os testes são propiciadores de algumas informações/dados para a formulação de

---

1. Refiro-me a todos os profissionais envolvidos com o pedagógico e o ensino que trabalham na escola: professores, diretores, coordenadores pedagógicos, orientadores.

políticas, por isso não servem para medir a aprendizagem dos alunos nem para orientar o planejamento escolar.

Avaliar para aprender (Fernandes, 2009) tem sido a tônica dos discursos oficiais, das palestras proferidas por especialistas e dos textos críticos e não críticos. Vivemos um tempo em que os discursos se homogeneízam. Entretanto, as bases epistemológicas são bastante distintas e, consequentemente, as bases políticas. O papel da teoria para uma prática refletida torna-se cada vez mais fundamental na formação do professor, que tem se tornado, nos últimos tempos, aplicador de testes, atividades e exames elaborados por terceiros.

A escola contemporânea apresenta conflitos epistemológicos (que, aliás, sempre existiram) muito latentes no cotidiano de suas práticas educativas/avaliativas, seja nas salas de aula, seja na gestão. Essas diferenças podem e deveriam desafiar-nos a pensar qual escola queremos. Portanto, fica o ponto para reflexão: por que avaliar as aprendizagens é tão importante?

Referências

CALZAVARA, Maria Teresa. *As práticas avaliativas e os registros de resultados nos anos iniciais do Ensino Fundamental*: um estudo de caso. Dissertação (Mestrado) — Universidade Federal do Estado do Rio de Janeiro (UniRio), Rio de Janeiro, 2011. 149 p.

CANDAU, Vera Maria. Cotidiano escolar e cultura(s): encontros e desencontros. In: _____ (Org.). *Reinventar a escola*. Petrópolis: Vozes, 2000. p. 61-78.

COSTA, Maria Helena dos Santos Prazeres. *Avaliação*: tessituras docentes, caminhos percorridos e desafios que se impõem no cotidiano escolar. Dissertação (Mestrado) — Universidade Federal do Estado do Rio de Janeiro (UniRio), Rio de Janeiro, 2011. 178 p.

ESTEBAN, Maria Teresa. Silenciar a polissemia e invisibilizar os sujeitos: indagações ao discurso sobre a qualidade da educação. Portugal, Universidade do Minho, *Revista Portuguesa de Educação*, v. 21, n. 1, p. 5-31, 2008.

FERNANDES, Claudia de O. Avaliação: diálogo com professores. In: SILVA, Jansen; HOFFMAN, Jussara; ESTEBAN, Maria Teresa. *Práticas avaliativas e aprendizagens significativas em diferentes áreas do currículo*. 9. ed. Porto Alegre: Mediação, 2012. p. 95-104.

_____. Uma análise dos instrumentos que conformam as políticas de avaliação implementadas pelas redes municipais de Ensino Fundamental do estado do Rio de Janeiro que adotam a organização por ciclos [período 2009-2010]. In: PROJETO EDITAL UNIVERSAL/CNPq n. 14/2009. *Relatório técnico de pesquisa CNPq*, 2011.

_____; NAZARETH, Henrique Dias Gomes. A retórica por uma educação de qualidade e a avaliação de larga escala. *Impulso*, Piracicaba, v. 21, n. 51, p. 63-71, jan./jun. 2011.

FORQUIN, J. C. *Escola e cultura*. Porto Alegre: Artes Médicas, 1993.

FREITAS, Luís Carlos. Qualidade negociada: avaliação e contrarregulação da escola pública. *Educ. Soc.*, Campinas, v. 26, n. 92, p. 911-33, especial, out. 2005.

MORIN, Edgar. *Introdução ao pensamento complexo*. Portugal: Instituto Piaget, 1995.

RAMALHO, Felipe Ribeiro. *Professora, quantas questões eu acertei?* Um estudo das influências da política de exames da Secretaria Municipal de Educação do Rio de Janeiro no cotidiano das práticas docentes. Dissertação (Mestrado) — Universidade Federal do Estado do Rio de Janeiro (UniRio), Rio de Janeiro, 2012. 133 p.

SACRISTÁN, Jose Gimeno. Escolarização e cultura: a dupla determinação. In: HERON, L. da et al. (Orgs.). *Novos mapas culturais/Novas perspectivas educacionais*. Porto Alegre: Sulina, 1996. p. 34-57.

PARTE II

Práticas avaliativas e o cotidiano na escola

CAPÍTULO 5

Entre o diálogo e a *redução*: práticas curriculares e avaliativas

*Andréa Rosana Fetzner**

Tudo foi resumido por uma mulher simples do povo, num círculo de cultura, diante de uma situação representada em quadro: "Gosto de discutir sobre isto porque vivo assim. Enquanto vivo, porém, não vejo. Agora sim, observo como vivo" (Freire, 1975).

O trabalho que tenho desenvolvido, por meio do auxílio de diversos pesquisadores, especialmente da área do currículo e da área das políticas educacionais, parte do princípio de que os sentidos da escola estariam vinculados à oportunidade da vivência de experiências formativas sociais fora das orientações restritas da família e, nesse aspecto, essas experiências contribuiriam para a formação de uma

---

* Formada em Ciências Sociais, doutora em Educação (UFRGS), professora do Programa de Pós-graduação em Educação e do Departamento de Didática da Universidade Federal do Estado do Rio de Janeiro (UniRio), autora do livro *Ciclos de formação: uma proposta transformadora* (Mediação) e organizadora da Coleção Ciclos em Revista, WAK Editora. Desenvolve, atualmente, a pesquisa *Concepções de agrupamento escolar e currículo: estudo da organização escolar em ciclos nos municípios do Estado do Rio de Janeiro*, financiada pela Faperj. E-mail: <akrug@uol.com.br>.

sociedade mais plural, em que a convivência com diferentes culturas e percepções de mundo seria exercitada (formas de lidar com a linguagem, relações com a religiosidade, conhecimentos e práticas políticas diversas, por exemplo). Além desses aspectos da pluralidade social, a educação parece comprometer-se, também, com o reforço da inserção na cultura geral da nação (língua, costumes, história) e, ainda, com alguma formação intelectual nas artes, nas línguas, na história e em diferentes campos do saber (ciências, matemáticas). O objetivo geral dessa formação básica escolar seria possibilitar ao sujeito o exercício de suas potencialidades e o desenvolvimento pessoal (mais pleno possível).

Muito resumidamente, o sentido da escola seria colaborar para o desenvolvimento de experiências sociais e aprendizagens que nos possibilitariam um saber diferente do qual a nossa própria família já tem disponível, que nos orientasse em relação ao sentido de pertencimento de uma nação e, também, em direção ao pleno desenvolvimento de nossas potencialidades. Assim, faz-se projeto individual, mas também coletivo.

À escola, com esse sentido, não caberia definir as pessoas que pretende formar, mas *abriria*, a elas, possibilidades de formarem-se frente à sociedade de que participam, à sua família e a seus desejos individuais. A questão que reiteradamente se coloca é que, em minhas pesquisas, tenho percebido uma *redução* da escola no que se refere aos sentidos anteriormente apresentados. Essa redução parece ser operada por um conjunto de políticas educacionais, denunciadas há mais de vinte anos, que atuam na perspectiva do *aprisionamento curricular*, por meio das tentativas de subordinação da escola à preparação dos alunos para um suposto mercado (de trabalho, de consumo, dependendo da época) e não para seu pleno desenvolvimento.

Este capítulo discute sobre como as políticas de avaliação externa provocam e reforçam o aprisionamento curricular e, como consequência, reduzem as possibilidades de a escola contribuir para a boa formação do aluno. Para não deter-me apenas na denúncia das práticas que, por meio do aprisionamento curricular, reduzem o sentido da escola, também trago algumas reflexões sobre o que seriam práticas de avaliação dialogadas. As pesquisas das quais tenho participado e que contribuem para o trabalho desenvolvido são financiadas pela Fundação de Amparo à Pesquisa do Estado do Rio de Janeiro (Faperj) e desenvolvem-se em colaboração, em especial, dos professores Antonio Flavio Moreira e seu grupo de pesquisa (Universidade Católica de Petrópolis — UCP), Maria Teresa Esteban (Universidade Federal Fluminense/Grupo de pesquisa alfabetização dos alunos e alunas das classes populares — UFF/Grupalfa) e Claudia Fernandes, juntamente ao grupo de pesquisa que coordenamos (Grupo de Estudos e Pesquisas em Avaliação e Currículo/Universidade Federal do Estado do Rio de Janeiro — Gepac/UniRio).

Meu argumento coaduna-se com Apple (2008, p. 62), que identifica, de forma bastante perspicaz, que "por trás das justificativas educacionais para um currículo e um sistema de avaliação nacionais, está uma perigosíssima investida ideológica. Seus efeitos serão verdadeiramente perniciosos àqueles que já têm quase tudo a perder nesta sociedade". Para entender essas consequências perniciosas, o autor indica a necessidade de percebermos essas políticas dentro de um conjunto de ações propostas pelo que ele chama de *restauração conservadora*.

Em nações como Inglaterra e Estados Unidos, o principal argumento para a adoção de um currículo nacional foi de que essa ação poderia elevar o nível das escolas e responsabilizá-las pelo sucesso ou fracasso dos alunos. O mesmo movimento por uma restauração conservadora aparece em redes municipais e/ou estaduais de educação no Brasil e, parece-me, exige uma reflexão profunda.

Com relativa frequência, o furor midiático e coletivo (sem saber ao certo qual vem antes ou depois) volta-se contra a escola, como se fosse ela a responsável pelo (suposto) desgoverno em que vivemos e pela desesperança geral quanto à possibilidade de melhoria das relações sociais e, entre elas, das de produção.

As relações sociais estabelecidas revelam, com frequência, níveis de crueldade assustadores. Diariamente tomamos conhecimento de ações que demonstram a brutalidade das relações entre as pessoas e entre os povos. São questões que ordinária e extraordinariamente demonstram o quanto não nos respeitamos, dito de outra forma, o quanto o dinheiro e os interesses financeiros são colocados acima da vida. A negação de socorro aos náufragos, africanos da Líbia, que tentavam chegar à Lampedusa, na Itália, tendo como resposta não o apoio ou a mudança de posição da Europa em relação aos imigrantes, mas o recrudescimento frente àqueles que lá tentam buscar uma vida mais digna ou das políticas de exclusão, que são mais constantes e extensivas, como a prática de *dumping* agrícola dos Estados ocidentais, que fazem com que os alimentos cultivados na Europa sejam adquiridos com preços mais baixos pelos habitantes da África e fazem com que seus habitantes, camponeses, trabalhem doze horas por dia sem conseguir um nível de vida decente (Ziegler, 2011). Isso representa algumas das expressões resultantes das relações que estabelecemos entre nós. Como dizia Freire:

> A desumanização, que não se verifica, apenas, nos que têm sua humanidade roubada, mas também, ainda que de forma diferente, nos que a roubam, é distorção da vocação do SER MAIS. É distorção possível na história, mas não vocação histórica. Na verdade, se admitíssemos que a desumanização é vocação histórica dos homens, nada mais teríamos que fazer a não ser adotar uma atitude cínica ou de total desespero. A luta pela humanização, pelo trabalho livre, pela desalienação, pela afirmação dos homens como pessoas, como "seres para si", não teria significação. Esta somente é possível porque a desumanização, mesmo que um fato concreto na história, não é, porém, *destino dado*, mas resultado de uma "ordem" injusta que gera a violência dos opressores e esta, o *ser menos* (1975, p. 40-1) [grifos do autor].

Evidentemente, os exemplos trazidos não compõem a totalidade de nosso cotidiano, mas, ao mesmo tempo, tratam de situações que, infelizmente, tornam-se frequentes e nos levam a questionar não apenas sobre a fragilidade de nossas relações sociais, mas também sobre o sentido de nossa vida e trabalho.

A escola, a empresa e o currículo

Quase nada se fala sobre essa falta de sentido e sobre essas fragilidades da vida cotidiana, todavia, foca-se muito no interesse e na defesa de que os problemas vividos se referem à falta de produtividade, que, por sua vez, pode ser sanada com a necessidade de competição (como forma de superação da própria condição). No que se refere às escolas, a solução apontada, muitas vezes em uníssono entre mídia, governos e determinados grupos sociais, dirige-se a ações de regulação sobre a escola (*choque de gestão, choque de ordem, programas de qualidade* ou similares), que tentam enquadrá-la numa lógica de funcionamento empresarial que não corresponde, por suas finalidades antes expressas, a um funcionamento possível (ou que favoreça o alcance de seus fins).

Não colocamos em questão se a empresa funciona ou se a competitividade a faz melhor para os cidadãos que nela trabalham ou de seus produtos ou serviços que fazem uso, aceitamos o discurso de que "a empresa funciona", de uma forma genérica e sem o questionamento sobre a afirmação. Da mesma forma, aceitamos que a competitividade faz a empresa funcionar e, para piorar a situação, concordamos que a escola pode melhorar se for colocada em competição com outras. A escola não pode (ou não deveria) tomar o princípio da competitividade não apenas porque não há indícios sérios de que ele funcione para a própria empresa (no que se refere aos benefícios para seus trabalhadores ou usuários), mas também porque, por ser escola, encontram-se o princípio e a necessidade social de que ela trabalhe com e para todos. É o sentido de trabalhar com e para todos que dá à escola a responsabilidade de acolher a todos e, quanto mais ela acolher (especialmente os considerados *mais difíceis, não adequados* ou *não necessários ao mercado*), mais ela desempenhará sua função social. Porque ela, a escola, está a afirmar seu papel de humanização, de formação solidária, de promoção da justiça social ao negar os discursos excludentes e ao afirmar a possibilidade do trabalho de humanização, aquele que reivindica o direito do ser humano de ser mais.

Parece-nos fundamental entender que, quando pensamos em uma escola em que os pais acompanham o desenvolvimento dos filhos que têm condições razoáveis de sobrevivência (alimentação, acompanhamento, mediação familiar), podemos imaginar que o ensino, embora sempre apresente suas dificuldades, se dê em condições favoráveis. Agora, quando trabalhamos com escolas que acolhem crianças que são excluídas de direitos sociais, culturais e econômicos, percebemos o quanto é mais difícil o acolhimento a ser praticado pela escola e, ao mesmo tempo, como importante ele se torna.

As escolas que trabalham com comunidades extremamente prejudicadas pela forma como a sociedade (e as empresas) se organiza em torno da produção são as mais desafiadas pelo trabalho de acolhimento e precisam estabelecer (e estabelecem) o trabalho possível de ser realizado. É difícil imaginar o que seriam critérios ou *índices de produtividade*, possíveis de medir o esforço e a dedicação no acolhimento e na promoção da aprendizagem realizadas por essas escolas.

Mesmo que consideremos apenas o desenvolvimento cognitivo em disciplinas específicas (como fazem muitas redes de ensino), precisamos observar que muitos estudos curriculares têm apontado que aquilo que é ensinado nas escolas não é isento de parcialidade epistemológica, ou seja, o que tomamos como verdade, aquilo que valorizamos como conhecimento do currículo e ensinamos como ciência na escola, é parcial, contextualizada em um determinado tempo e espaço (mas que não são ensinadas assim), relativa a determinadas epistemologias, isto é, a determinadas formas de saber, de produzir o conhecimento e de tomá-lo como verdadeiro. É necessário que as escolas autorizem os alunos e as famílias com os quais trabalham a dizer suas inquietações, a discutir suas questões e a afirmar seus caminhos. E isso requer romper com a visão de um único currículo.

A ideia de tomar uma forma de conhecer como a única pode ser observada na matemática, por exemplo, quando acreditamos que ensinar a somar é mais fácil que dividir (e se trabalharmos, por exemplo, com algumas epistemologias indígenas, isso não será válido). Da

AVALIAÇÃO DAS APRENDIZAGENS

mesma forma, conteúdos ensinados sobre a história e a geografia da África, por exemplo, reduzem e tomam, muitas vezes como universais, valores, práticas e conhecimentos específicos.

Outra questão importante, no que se refere à pretensão de um currículo nacional, está imersa na impossibilidade de abarcar questões relevantes e necessárias a grupos diversos, visivelmente percebidos quando pensamos a grandiosidade geográfica e cultural do Brasil, mas não menos presentes em países de pequena extensão territorial, como Portugal, por exemplo.

Além da diversidade epistemológica, existem questões muito diferentes entre os grupos sociais: a necessidade de estudar sobre a falta de água, em uma região como Paraupebas, no Pará, pode ser prioritária, enquanto, no Rio de Janeiro, a pesquisa sobre as doenças parasitárias pode ser emergente. O que dirá qual o tema ou a questão problema emergente, em quaisquer das realidades, será as necessidades cotidianas, as relações percebidas e os saberes disponíveis entre professores e estudantes. Retomando Freire (1975), é necessário que a palavra seja dita pelo povo, sobre sua situação, na tentativa de compreensão crítica de sua realidade vivida.

Estudar sobre algo relevante para si e para sua comunidade, apreendê-lo em seu sentido histórico, localizado geograficamente, parece ser um dos sentidos da escola e que não cabe (no desenvolvimento pleno dos sentidos da escola) nos planejamentos curriculares restritos, descritivos e fechados: aprisionados pelas propostas mecanicistas de ensino.

Os interesses por um currículo único nacional pouco se associam à ideia de melhoria das oportunidades de vida das pessoas e muito se empenham "em prover as condições educacionais tidas como necessárias para não só aumentar a competitividade internacional, o lucro e a disciplina, mas também para resgatar um passado romantizado de lar, de família e de escola ideais" (Apple, 2008, p. 68).

O conhecimento oficial é, sempre, um espaço de conflito: discutir currículo implica perceber cultura e poder em disputa, conceitos e relações de classe, de raça, de gênero e de religião implicados nessas disputas (Apple, 1997). Imprescindível, parece-me, é reconhecer o quanto o currículo é uma questão de opção, poder e cultura:

> [...] a decisão de definir alguns conhecimentos de grupos como válidos para serem transmitidos às gerações futuras, enquanto a história e a cultura de outros grupos dificilmente veem a luz do dia, revela o modo como o poder opera na sociedade (Apple, 1999, p. 9).

Analisando a reforma curricular na Grã-Bretanha, Goodson (2008, p. 25) aponta que os resultados de uma política de Currículo Nacional gerou, de um lado, um número maior de crianças com resultados melhores na escala avaliativa, mas, de outro lado, na mesma escala percebeu-se:

> [...] uma onda crescente de insatisfação e reprovações na medida em que as estruturas de avaliação são mais estreitas. Aqueles que não têm sucesso em um regime de padrões de qualidade são cada vez mais visivelmente estigmatizados e marginalizados. Os números da evasão escolar e da baixa frequência formam um quadro que claramente mostra a decadência de uma busca precipitada de mercadização e de reformas altamente reguladas do currículo e da avaliação.

Nosso argumento é que escolas e empresas têm objetivos e procedimentos diferentes; as primeiras, compromissadas com o desenvolvimento da pessoa e da sociedade com princípios e valores que não são os empresariais, os quais tomam o lucro e a competição como orientação.

Incongruências da avaliação externa do desempenho escolar

Outra face das reformas curriculares são as avaliações padronizadas, uma vez que o argumento por um currículo nacional se torna prática escolar por meio delas. E, quanto mais avaliação padronizada se pratica, mais o currículo escolar parece ser unificado, e o sentido da escola reduzido.

No Brasil, o que temos observado em diferentes pesquisas é a produção do fracasso escolar pela própria escola. Crianças que resolvem problemas cotidianos complexos, que lidam constantemente com situações de estresse, tanto na comunidade em que vivem quanto na escola, e que aprendem muito rápido o que lhes ensinam oralmente no âmbito da família e da escola, porém, por apresentarem dificuldade em responder às questões das avaliações padronizadas, são rotuladas de incompetentes para o estudo escolar (Patto, 1999; Moysés, 2001; Esteban, 2002; Tura, 2000).

É nesse sentido que tenho percebido a avalanche de avaliações externas reduzindo o papel da escola e contribuindo para o aprisionamento curricular. No exemplo a seguir, podemos verificar como a simples correção da resposta não contribui para a aprendizagem de determinado conteúdo escolar.

Leandro[1] é um dos meninos acompanhados por um grupo de estagiárias de Pedagogia, em uma escola municipal de uma das maiores redes públicas de ensino da América Latina. Com 9 anos, Leandro acompanhou, durante o ano de 2009, uma oficina de duas horas semanais oferecida em sua escola por estagiárias da Universidade. A proposta das oficinas foi oferecer um trabalho diferenciado aos estudantes que, indicados por suas professoras, precisariam de um atendimento específico para progredir nos estudos. Ele frequenta regularmente uma turma de terceiro ano do Ensino Fundamental e já foi reprovado uma vez na escola. Além de uma prova do 3º bimestre, do terceiro ano de escolaridade, que foi elaborada pela Secretaria Municipal de Educação da cidade e aplicada a todos os alunos do terceiro ano da rede (avaliação externa, da rede municipal), ele realizou oito trabalhos nas oficinas.[2]

---

1. Apenas o nome do aluno é fictício.

2. Os trabalhos e os relatórios de estágio foram cedidos para a pesquisa "Conhecimento escolar: processos de inclusão e exclusão, movimentos curriculares e práticas avaliativas da escola de Ensino Fundamental", coordenada por mim na UniRio/RJ.

Na prova realizada em outubro de 2009, Leandro acertou apenas quatro questões de vinte e cinco. Duas questões foram *acertadas* em Português e duas questões em Matemática. Nos trabalhos diversificados, apresentados na forma escrita, realizados nas oficinas, o menino demonstrou ser capaz de desenhar a si mesmo; listar suas características e as de um colega (com troca de letras e necessidade de sistematização das chamadas dificuldades ortográficas); elencar produtos recortados de um encarte de supermercado; distinguir diferenças entre o mundo que temos e o mundo que queremos; identificar o tempo de decomposição de materiais como papel, pano, chiclete, latas e vidro; diferenciar lixo orgânico de lixo inorgânico; selecionar materiais de acordo com as categorias *vidros*, *plásticos*, *metais*, *papéis* e *restos de alimento*, e avaliar atitudes positivas e negativas na relação com o ambiente.

Nos trabalhos realizados na oficina, é possível perceber que Leandro ainda tem dificuldade na sistematização da escrita e na elaboração de cálculos, mas, o que se pode concluir da observação das atividades realizadas nas oficinas, é que o aluno sabe muitas coisas e não apresenta dificuldade de entendimento dos conteúdos estudados. Todavia, nas provas padronizadas, seu resultado é muito ruim (quatro questões certas, em vinte e cinco das propostas).

Analisando a prova aplicada a todos os alunos de seu ano de escolaridade, na rede de ensino em que estuda (no 3º bimestre de 2009), percebe-se um conjunto de atividades que são apresentadas buscando informação sobre a capacidade de o aluno saber a hora em um relógio com ponteiros; identificar o menor número em uma série de números entre 138 e 831; resolver um problema que envolve multiplicação; contar moedas e representar o resultado em cédulas de dinheiro; interpretar um gráfico; operar com frações; identificar o número ausente em uma lacuna numérica; reconhecer a centena em um numeral; subtrair com empréstimo; resolver problemas utilizando adição com transporte.

Na segunda parte da referida prova, em Língua portuguesa, as questões propunham interpretação de diversos textos pequenos, de

AVALIAÇÃO DAS APRENDIZAGENS

diferentes categorias textuais; interpretação de legendas em um calendário e de desenhos. As atividades propostas, tanto em Matemática quanto em Língua portuguesa, são exercícios a serem realizados de forma independente das operações e usos individuais que os leitores possam fazer dos textos e problemas (Certau, 2008) e sem a consideração das ligações e trajetórias variáveis dos praticantes (idem) em relação aos textos e contextos propostos.

Transcrevo, a seguir, duas questões que Leandro não conseguiu acertar (entre tantas outras) na prova do 3º bimestre:

Marli comprou 5 sacos de bombons. Cada saco tem 6 bombons. Quantos bombons ela comprou ao todo?
(A) 11
(B) 25
(C) 30
(D) 35

(Prova do 3º bimestre, período final do ciclo, 2009, questão 3)

Um GRANDE encontro!

Há 17 anos, o mergulhador Marco Queral se dedica à fotografia submarina.

Marcos teve um encontro impressionante com uma baleia Jubarte, a 15 metros de profundidade, no oceano Pacífico!

Conversando com um jornalista, Marcos declarou: — Na minha opinião, elas (as baleias) decidem se eu posso tirar fotos delas ou não, porque, geralmente, as baleias são tímidas e cautelosas com os seres humanos.

Disponível em: <http://robertoff.sites.uol.com.br/baleia.gif>. Acesso em: 14 jul. 2014.

O trecho que indica uma opinião é:
(A) "... elas (as baleias) decidem se eu posso tirar fotos delas ou não."
(B) "... o mergulhador Marcos Queral se dedica à fotografia submarina."
(C) "Conversando com um jornalista, Marcos declarou: ..."
(D) "Marcos teve um encontro impressionante..."

(idem, questão 15)

Na questão 3, Leandro marcou a alternativa "A", a correta era "C", na questão 15, marcou a alternativa "D", a correta era "A".

Observando a alternativa "A" da questão 3, é possível que Leandro tenha somado os dois números citados no problema, concluindo que cinco mais seis são onze. Mas só o que nos poderia dizer se ele fez esse raciocínio é se pudesse explicar a lógica que seguiu e se leu o problema todo (é possível que não, uma vez que ele apresenta muitos erros na escrita, o que denota ter dificuldade de leitura e, por consequência, resistência à leitura). É possível dizer também que nenhuma dessas possibilidades que levantei estejam corretas. Um dos problemas que se acrescem aos anteriores quando pretendemos discutir a utilidade das avaliações padronizadas, aplicadas massivamente, é que elas, muitas vezes, não permitem que a professora reconheça o raciocínio que o estudante realiza na solução do problema e, portanto, não oportunizam que ela identifique a mediação necessária para que ele avance do lugar em que está. São avaliações que, além de excluir saberes, humilhar pessoas e promover uma avaliação equivocada da qualidade social do trabalho desenvolvido pelas escolas, *congelam* o saber no lugar onde ele é *flagrado*, fora do movimento do ato de conhecer.

A questão 15 apresenta, também, características que pouco dizem sobre os saberes e as capacidades de compreensão de Leandro: se ele leu todo o texto (o que não temos como saber), pode ser que ele tenha interpretado que a frase *"Marcos teve um encontro impressionante..."* seja a opinião de quem escreveu o texto, ou mesmo que o título "Um GRANDE encontro" indique que a opinião do autor é de que esse grande encontro foi impressionante, embora a resposta explícita no texto seja o que vem escrito depois de "— Na minha opinião..." (alternativa "A").

Retomando, mais uma vez, as contribuições de Apple (1999). Existe a necessidade de que, em se reconhecendo o caráter ideológico, epistemologicamente parcial do currículo escolar, promovamos a denúncia das políticas, estratégias e táticas que são cerceadoras do processo democrático no qual *"todas as pessoas — não apenas as*

AVALIAÇÃO DAS APRENDIZAGENS

que são os guardiões intelectuais da tradição ocidental — se podem envolver no processo deliberativo sobre aquilo que é importante" [grifo do autor, p. 15].

No caso aqui relatado, a política pública proposta de avaliar para promover a qualidade oculta a parcialidade da avaliação e o conceito de qualidade a que está filiada a política. Práticas avaliativas são necessárias e imprescindíveis, nossa discussão está na prática avaliativa que, por meio de uma padronização, nega saberes, rotula e classifica pessoas e, ainda, cria resistências ao processo de aprendizagem em desenvolvimento. A qualidade da educação, em nosso ponto de vista, não pode abrir mão da participação dos envolvidos na elaboração e no acompanhamento do processo e, também, do diálogo com seus saberes e cultura.

Ainda conforme Apple (1999), esse processo democrático precisa gerar as condições necessárias para que todas as pessoas participem na criação e recriação de significados e valores com os quais a escola trabalha. Não seria por meio da classificação das melhores e das piores escolas que essas condições necessárias seriam criadas.

O processo democrático é um saber imprescindível para qualificação da vida e das relações das pessoas entre si e com o ambiente. O processo democrático de diálogo com outros conhecimentos e formas de aprender bem como a construção coletiva de objetivos e estratégias estão sufocados pela padronização e descontextualização que as avaliações padronizadas impõem.

Duas ideias complementares têm contribuído para pensarmos outra sociedade possível: o *bem viver* e o *bem-estar coletivo*. O bem viver pode ser compreendido como uma filosofia que enfatiza as relações equilibradas, harmônicas, equitativas e solidárias entre humanos e com a natureza (entendendo-se que os humanos fazem parte da natureza); a dignidade de cada ser humano e a necessária inter-relação entre seres, saberes, culturas, racionalidades e lógicas de pensar, atuar e viver (Walsh, 2009).

O bem-estar coletivo implica estar bem consigo mesmo e com tudo o mais: a família, a comunidade, a sociedade, os ancestrais, a natureza, enfatizando a promoção da humanidade e pensando o desenvolvimento em consideração da humanidade e do planeta, além de apontar, como valores, a complementaridade, a relacionalidade e a unidade na diversidade, a autodeterminação, a solidariedade e a conexão fundamental entre sociedade e natureza (idem).

Práticas curriculares dinâmicas e críticas, representadas em algumas experiências que trabalham com a organização do ensino por meio de problemas, temas geradores ou complexos temáticos, por exemplo, costumam priorizar a realidade como articuladora dos estudos, a pesquisa como metodologia e as avaliações participativas como forma de acompanhamento dos processos de aprendizagem e de educação escolar.

Práticas de avaliação dialogadas

As práticas de avaliação dialogadas, que incluem o diálogo desde a busca dos conteúdos do ensino (Freire, 1975), são incompatíveis com o *ranking* de escolas e impraticáveis quando a intenção é subordinar pessoas e seus saberes. O que tenho encontrado, no trabalho e na pesquisa com as escolas de Ensino Fundamental, é que casos como o de Leandro são muitos e estão cotidianamente a nos desafiar. Como podemos dizer que ele é um analfabeto funcional ou uma criança que não aprende na escola quando ele demonstra saber tanto e sobre tantas coisas? E como uma política pública têm se alastrado pelas redes de ensino, autorizando-se a dizer que eles (Leandro, e tantos outros) não aprendem e que sua escola não lhes ensina?

Se o sentido da escola for entendido como colaboração para que nossas experiências e aprendizagens sejam reconhecidas, valorizadas, ampliadas e aprofundadas, assim como a potencialização de nosso pleno desenvolvimento e bem viver coletivo, precisamos repensar e denunciar, mais uma vez, essas práticas e políticas que nos submetem a modelos que veem a aprendizagem como uma apreensão reduzida de informações.

Se considerarmos valores fundamentais solidariedade, participação e bem viver, a escola parece ter um papel importante na reflexão sobre os critérios de avaliação e suas metodologias, e sobre as intencionalidades curriculares de homogeneização e padronização. Na diversidade, na pluralidade, no fazer coletivo e na priorização da vida sobre o mercado, estejam, talvez, algumas pistas para vivermos melhor.

A escola tem se posicionado quanto à sua função social, em seus projetos político-pedagógicos e em muitos discursos docentes, como uma instituição voltada para a vivência da cidadania, da participação e do pensamento crítico. Precisamos refletir sobre como ela tem agido em relação às políticas implementadas em seu cotidiano, geralmente acompanhadas de um discurso de qualidade da educação, que se afirma de valores de mercado e que geram, conforme algumas das pesquisas em que nos apoiamos neste capítulo, exclusão e distanciamento entre os incluídos em determinada forma de pensar e fazer e os excluídos das formas consideradas legítimas.

Neste capítulo apresentei o que considero como sentido da escola: colaborar para o desenvolvimento de experiências sociais e aprendizagens que nos possibilitem um saber diferente do qual a nossa própria família já tem disponível; a inserção em ideias de pertencimento à nação e o desenvolvimento mais pleno possível de nossas potencialidades.

De acordo com meu olhar que faço da escola e da política avaliativa a que ela está submetida, tenho percebido uma redução desse sentido da escola, uma vez que a restauração conservadora (Apple, 2008) toma força por meio de avaliações externas padronizadas, que classificam as instituições entre as melhores e a piores e aprisionam as propostas curriculares em práticas que preparam para as provas.

As políticas avaliativas que se estabelecem para as escolas não apenas as classificam, qualificando algumas e desqualificando outras, mas também classificam, qualificam e desqualificam pessoas e saberes. Trago alguns exemplos da violência entre nações e entre as pessoas para argumentar que precisamos de outros critérios e outros parâmetros para avaliar nosso desenvolvimento.

Minha intenção também foi demonstrar que muitas das escolas que hoje são desqualificadas por meio da avaliação externa, realizam o trabalho escolar mais difícil, ao trabalhar com as pessoas que estão em condições cruéis de sobrevivência.

Da mesma forma, trago minhas observações sobre um dos alunos que, submetido a uma avaliação por meio de uma prova padronizada, obtém quatro acertos em vinte e cinco questões. Minhas observações sobre outros trabalhos realizados pelo mesmo aluno descrevem muitos de seus saberes e problematizam o seu *resultado* na avaliação externa, bem como o que é considerado certo e o que é considerado errado no instrumento de avaliação e a utilidade desses resultados para sua aprendizagem.

Trazendo algumas pesquisas sobre as consequências da aplicação de testes padronizados (Apple, 1999 e 2008; Goodson, 2008) e sobre a produção do fracasso escolar na própria escola (Patto, 1999; Moysés, 2001; Esteban, 2002; Tura, 2000), indico que os princípios de solidariedade, participação e bem viver (Walsh, 2009) são argumentos a serem retomados na defesa de uma escola que faça sentido para o pleno desenvolvimento das pessoas.

Referências

APPLE, Michael W. A política do conhecimento oficial: faz sentido a ideia de um currículo nacional? In: MOREIRA, Antonio Flavio; SILVA, Tomaz Tadeu. *Currículo, cultura e sociedade*. 10. ed. São Paulo: Cortez, 2008. p. 59-91.

_____. *Conhecimento oficial*: a educação democrática numa era conservadora. Petrópolis: Vozes, 1997.

_____. *Ideologia e currículo*. Porto: Porto Editora, 1999.

CERTAU, Michel de. *A invenção do cotidiano*: 1. Artes de fazer. 14. ed. Trad. Ephraim Ferreira Alves. Petrópolis: Vozes, 2008.

ESTEBÁN, Maria Teresa. *O que sabe quem erra?* Reflexões sobre avaliação e fracasso escolar. 3. ed. Rio de Janeiro: DP&A, 2002.

FREIRE, Paulo. *Pedagogia do oprimido*. 2. ed. Porto: Afrontamento, 1975. (Textos 5.)

GOODSON, Ivor F. *As políticas de currículo e de escolarização*. Trad. Vera Joscelyne. Petrópolis: Vozes, 2008.

MOYSÉS, Maria Aparecida Affonso. *A institucionalização invisível*: crianças que não-aprendem-na-escola. Campinas: Mercado das Letras; São Paulo: Fapesp, 2001.

PATTO, Maria Helena Souza. *A produção do fracasso escolar*: histórias de submissão e rebeldia. São Paulo: Casa do Psicólogo, 1999.

SOUZA, Márcia Roberta C. de; SANTOS, Maria do Socorro L.; LEITE, Milena de Queiroz. Relatório de estágio e trabalhos dos alunos. UniRio, 2009. [Não publicado.]

TURA, Maria de Loudes Rangel. *O olhar que não quer ver*: histórias da escola. Petrópolis: Vozes, 2000.

WALSH, Catherine. *Interculturalidad, estado, sociedad*: luchas (de)coloniales de nuestra época. Quito: Ediciones Abya-Yala/Universidad Andina Simón Bolívar, 2009.

ZIEGLER, Jean. *Ódio ao ocidente*. São Paulo: Cortez, 2011.

CAPÍTULO 6

Possibilidades e desafios: percursos e percalços de uma prática avaliativa emancipatória

*Igor Helal**
*Tiago Ribeiro***

> *Seria apropriado dizer que as diferenças podem ser muito mais bem compreendidas como experiências de alteridade, um estar sendo múltiplo intraduzível e imprevisível no mundo.*
>
> Carlos Skliar

Reflexões para o início de conversa...

A leitura e a escrita são importantes para o exercício da cidadania, embora não sejam constituintes dela. Tendo isso em vista, certo

---

* Mestrando em Educação do PPGEdu-UniRio/Capes. Participante do Grupo de Pesquisa: Práticas Educativas e Formação de Professores (GPPF) e integrante da Rede de Formação Docente: Narrativas & Experiências (Rede Formad).

** Mestrando em Educação do PPGEdu-UniRio/Capes. Participante do Grupo de Pesquisa: Práticas Educativas e Formação de Professores (GPPF) e integrante da Rede de Formação Docente: Narrativas & Experiências (Rede Formad).

de que ler perpassa — e muito — o exercício de codificação/decodificação, uma ação pedagógica efetivamente compromissada com a leitura da *palavramundo* (Freire, 2008), por meio da qual o aprendizado se consubstancie em um processo repleto de sentido e garanta o exercício da palavra, o direito/garantia à fala se faz urgente.

Dessa forma, a alfabetização discursiva (Smolka, 2008) tem, a partir desse entendimento, uma importante contribuição a dar para a transfiguração do atual quadro da educação em nosso país, porquanto propicia um processo de *aprendizagemensino*[1] pautado na ampliação de saberes, na autoria de fala e no pensamento das crianças, concedendo a tal processo um caráter dialógico, coletivo, móbil.

Contudo, a consolidação dessa abordagem tem pela frente um embate muito grande a enfrentar, pois representa uma reviravolta epistemológica que põe em xeque a forma hegemônica de conhecimento, em cujo cerne está a tendência à homogeneização do processo de construção de conhecimento, por meio da qual as crianças são estigmatizadas, agrupadas, compreendidas — os que sabem e os que não sabem, os "normais" e os "com problema de aprendizagem" etc. (Esteban, 2008; Sampaio, 2008).

Justamente nesse ponto — dos desafios a serem enfrentados — a pesquisa que vimos praticando, em uma escola pública na cidade do Rio de Janeiro, e as reflexões realizadas no/com o grupo de que fazemos parte — o Grupo de Pesquisa: Práticas Educativas e Formação de Professores (GPPF), coordenado pela professora Carmen Sanches Sampaio — têm contribuído sobremaneira para a (re)significação de algumas (in)certezas e a problematização de *novasvelhas*[2] questões.

---

1. O diálogo com Vigotski (1994), para quem ensino e aprendizagem são processos indissociavelmente interligados, por isso grafado, em russo, em um só termo (*obuchen*) nos incita a adotar o termo *aprendizagemensino*, para tentar dar conta da indissociabilidade de tais processos.

2. No nosso grupo de pesquisa, desafiamo-nos a utilizar uma forma de escrita alicerçada em Nilda Alves (2008). Ao escrevermos, inseparadamente, termos antes vistos como dicotomizados, tentamos romper com a limitação imposta pelas ciências da modernidade, desenvolvendo compreensões necessárias às nossas pesquisas nos/dos/com os cotidianos.

AVALIAÇÃO DAS APRENDIZAGENS

O experienciar relações pedagógicas postas em prática em turmas de 1º e 2º anos nos excita a pensar sobre as formas aprendidas/apreendidas de ensinar e aprender. As discussões e reflexões no/com o grupo, potencializadas pelas conversas travadas no *Fórum de Alfabetização, Leitura e Escrita* (Fale)[3] — encontro mensal em que professores e professoras da escola básica e da universidade narram suas práticas e (com)partilham saberes — apontam para uma questão nevrálgica para além da problemática conceptual, qual seja: a avaliação.

Embora, muitas vezes, possamos estar em um movimento de repensar nossa prática, procurando atribuir sentido às atividades realizadas em sala de aula e garantir aos alunos e alunas um espaço coletivo de elaboração, problematização e liberdade, a avaliação pode se apresentar como um nó da prática — e é o que comumente acontece, pois, ao contrário do que Skliar nos convida a pensar, na epígrafe, usualmente vemos as diferenças como desvios, como disfunções.

Nesse sentido, debruçando-se sobre uma prática contra-hegemônica, este capítulo procura se inscrever como um convite à reflexão acerca de práticas avaliativas, partindo de uma experiência (Larrosa, 2002) de pesquisa com um grupo (durante o 1º e 2º anos de escolaridade) com o qual a professora vem se desafiando, cotidianamente, a realizar uma avaliação que seja, ela mesma, parte do processo de *aprendizagemensino*, e não uma ferramenta de classificação, seleção e exclusão dos estudantes.

Igualmente nos desafiamos a pensar, aqui, em uma avaliação que se consubstancie em uma prática docente crítica, uma avaliação não

---

3. Projeto Fórum Estadual de Alfabetização: discutindo, investigando e implementando políticas e práticas de leitura e escrita, conhecido entre os participantes (organizadores, espectadores etc.) como Fórum de Alfabetização, Leitura e Escrita (Fale). Em decorrência do Fale, periodicamente, sempre aos sábados, acontece, no Instituto Superior de Educação do Rio de Janeiro (ISERJ) ou na UniRio, um encontro no qual professores da escola básica e da universidade narram e (com)partilham suas práticas com o público, que também tem espaço para participar. Encontro que, além de ser *espaçotempo* de formação, nos dá pistas para rever certezas e questionar nossas hipóteses.

esgotada à perquirição de erros ou "desvios", mas que esteja a serviço da reflexão da prática, sabendo que:

> Na formação permanente dos professores, o momento fundamental é o da reflexão crítica sobre a prática. É pensando criticamente a prática de hoje ou de ontem que se pode melhorar a próxima prática. O próprio discurso teórico, necessário à reflexão crítica, tem de ser de tal modo concreto que quase se confunda com a prática. O seu "distanciamento" epistemológico da prática enquanto objeto de sua análise deve dela "aproximá-lo" ao máximo. Quanto melhor faça essa operação, tanto mais inteligência ganha da prática em análise e maior comunicabilidade exerce em torno da superação da ingenuidade pela rigorosidade (Freire, 1996, p. 39).

Assim, queremos pensar na avaliação, também, como um momento de *metarreflexã*o da prática, um movimento escorregadio e revelador: revela saberes e ainda não saberes dos estudantes, mas revela, da mesma forma — e talvez sobretudo —, percursos e percalços da prática pedagógica, ajudando os professores a repensar o próprio processo vivido com os alunos e alunas com os quais trabalha.

Monoculturas do tempo e do saber: concepções e práticas que permeiam a ação pedagógica

A sala de aula é um *espaçotempo* complexo onde se processam diferentes movimentos e táticas (Certeau, 2007). Embora essa assertiva seja, cada vez mais, defendida e salientada por diversas pesquisas em Educação (Esteban, 2001, 2008; Ferraço, 2006; Gallo, 2007; Sampaio, 2001, 2008; Sampaio e Venâncio, 2009; Smolka, 2008), há, na prática, dinâmicas que, muitas vezes, negam o que é revelado pela teoria. A transformação da prática exige uma ruptura epistemológica cuja consolidação não é possível apenas no âmbito das técnicas

(Sampaio, 2008), pois exige um movimento *práticateoriaprática* (Prado e Cunha, 2007) por meio do qual se assuma uma concepção apropriada ao defendido pelo docente.

Entretanto, essa mudança não acontece facilmente, pois nossas ações são resultantes de modelos epistemológicos aprendidos/apreendidos. No tocante ao processo de *arendizagemensino*, parece haver uma forte tendência para se negligenciar saberes e realidades distintas em prol do saber eleito pela escola, de forma a se processar uma homogeneização de tempos e aprendizagens aos quais os educandos devem se adequar: aquelas crianças que não correspondem ao esperado pela escola são estigmatizadas, transformam-se nos "com dificuldades", nos "com problemas", enfim, tornam-se dissidentes em potencial, passam:

> a ser olhadas pela escola como as que se "desviaram" da rota principal, ou seja, do caminho que a escola acredita que leva ao aprendizado da leitura e da escrita, sendo vistas e compreendidas como as que não "acompanham a turma" (Sampaio, 2008, p. 65).

Essa tendência traz, em seu bojo, o que Santos (2006) aponta como sendo monoculturas de saber e de tempo. Quanto à monocultura de saber, temos a lógica da reificação da ciência moderna e da cultura dominante como critérios únicos de verdade e de estética validada; portanto, *o modo de produção de não existência mais poderoso* (Santos, 2006, p. 787). Esse posicionamento exige, de acordo com o autor, a assunção de uma segunda lógica, assentada na monocultura de tempo (linear): a linearidade da história, seu desenvolvimento em sentido único (idem).

O diálogo com Santos nos ajuda a refletir sobre as concepções presentes na sala de aula que subsidiam o fazer pedagógico, demonstra, aliás, possíveis pilares sobre os quais se assenta a concepção mecanicista, ainda hegemônica nas práticas escolares, quais sejam: os da padronização de tempo e aprendizagens, porque são concernentes com as monoculturas denunciadas pelo autor.

No interior dessa concepção e imbricada nela, há uma forma também aprendida/apreendida de avaliar, coerente com os pressupostos que lhe servem de base. Aqui, avaliação é comumente entendida e aplicada como um meio de tecer teias imperceptíveis de exclusão, isto é, uma ferramenta de aprovação/reprovação por meio da qual os "fracos", os "atrasados", enfim, os que estão em um movimento de aprendizagem diferente daquele esperado pela escola, são marginalizados, à medida que aqueles cuja aprendizagem se coaduna com o previsto são aprovados.

Essa dinâmica denuncia uma relação de saber/poder, a qual contribui para reforçar e delimitar lugares sociais (Arroyo, 2009).[4] Ao aprovar uns e reprovar muitos, a escola persegue o ideal da homogeneidade (Esteban, 2008), negligenciando as diferenças de classe, as distintas realidades e a multiplicidade de experiências vividas pelos seus alunos e alunas, reforçando, assim, as desigualdades sociais.

Nessa perspectiva, a avaliação é normalmente confundida com exame e utilizada como ferramenta de exclusão para se julgar um aluno apto ou inapto a ser aprovado de uma série para a outra e tem sido usada, sobremaneira, como elemento para justificar e validar a reprovação.

Contudo, na contramão da hegemonia, uma concepção outra de *aprendizagem* se faz cada vez mais presente. Essa outra concepção permite compreender que, *embora os princípios básicos da ciência clássica não sejam recusáveis, são insuficientes* (Sampaio, 2008), sobretudo em uma sociedade complexa como a nossa. A aceitação de que esses princípios são insuficientes para a abordagem da/na sala de aula — complexa, heterogênea, imprevisível — implica (re)pensar as práticas cotidianas, (re)significá-las e (trans)formá-las.

---

4. Essa ideia foi defendida por Miguel Arroyo em uma palestra ministrada na Universidade Federal do Estado do Rio de Janeiro (UniRio), por ocasião do V Encontro Estadual das Escolas em Ciclos — Processos de democratização e movimentos de resistência, em novembro de 2009. Segundo o autor, a prática avaliativa hegemônica tem servido, sobretudo, como uma ferramenta de exclusão à medida que se inscreve como uma forma (muitas vezes imperceptível) de traçar obstáculos para que aqueles cuja posição social é desprivilegiada não possam transpor os lugares socialmente demarcados.

AVALIAÇÃO DAS APRENDIZAGENS

Essa mudança de perspectiva faz florescer uma compreensão da impossibilidade de *prever o curso e os resultados da ação, por mais que tenhamos aprendido o contrário disso* (Sampaio, 2008, p. 78). Dessa maneira, a sala de aula se consubstancia em lugar do improvável, do imprevisível, da possibilidade, da construção, dos saberes e ainda não saberes (Esteban, 2001; Gallo, 2007; Sampaio, 2008), e o conhecimento passa a ser entendido como algo construído e em constante construção.

Em consonância com essa forma de pensar, a avaliação é (re)significada. Torna-se *possível concebermos uma perspectiva de avaliação cuja vivência seja marcada pela lógica da inclusão, do diálogo, da construção da autonomia, da mediação, da participação, da construção da responsabilidade com o coletivo* (Fernandes e Freitas, 2007, p. 20). Avaliar, pois, não é medir, não é apenas perscrutar o que sabem os alunos, mas se voltar para os seus ainda não saberes (Esteban, 2001), é estar com os sentidos atentos, porque avaliar envolve afeto, atenção, aproximação e amor — é um *ato amoroso* (Luckesi, 2001), não no sentido religioso do termo, mas no sentido de estar aberto ao outro em sua alteridade: outro tão legítimo quanto o mesmo. Assim, o olhar avaliativo aproxima o professor de uma maior compreensão do que acontece na sala de aula, pois *toda manifestação do aluno é relevante ao avaliador* (Hoffmann, 2005, p. 63), avaliar é um ato contínuo.

Portanto, uma prática avaliativa efetivamente compromissada com tal perspectiva precisa se transformar em um fazer contínuo e coerente com o que acreditamos: a autoformação de sujeitos autônomos, críticos e cidadãos legítimos, tornando-se, pois, um processo dialógico e, portanto, coletivo, em que múltiplos sujeitos participam com suas falas e experiências (Esteban, 2008). Autoformação que pressupõe o próprio sujeito em formação como produtor de conhecimento e autor de seu processo formativo, e não como aquele que precisa ser iluminado e liberto, porque ignorante ou impossibilitado de pensar. Em outras palavras: avaliar, nesse sentido, não é um processo desconectado de uma realidade crível, mas um processo formativo que amplia possibilidades de os alunos e alunas aprenderem, fazendo parte do seu aprendizado cotidiano e englobando aprendizagens relativas aos (seus) conhecimentos (Fernandes, 2008; Perrenoud, 1999). A prática avaliativa deve se consubstanciar em um processo discursivo entre múltiplos sujeitos, no qual múltiplas narrativas apontem para os limites e desafios a serem enfrentados; uma prática na qual *docentes e estudantes atuam como mediadores do processo ensino-aprendizagem e da avaliação* (Esteban, 2008, p. 86).

Intercursos de pesquisa: uma prática avaliativa em construção

As narrativas docentes com as quais temos trabalhado no desenvolvimento da pesquisa, que envolve diferentes espaços de formação continuada — o Fórum de Alfabetização, Leitura e Escrita (Fale) e o Grupo de Estudos e Pesquisa de Professoras(es) Alfabetizadoras(es) Narradoras(es) (Geppan), como já dito anteriormente, espaços privilegiados, sediados na Universidade Federal do Estado do Rio de Janeiro (UniRio), em que as professoras e os professores podem (com)partilhar experiências e (re)pensar a própria prática em uma rede colaborativa — têm demonstrado quão difícil é a realização de uma prática avaliativa diferente daquela tradicionalmente validada, o que podemos experienciar ao praticar a pesquisa em uma escola pública carioca.

Todavia, não obstante quaisquer desafios, as experiências vividas por nós, como *atoresautores* da pesquisa, apontam para possibilidades de práticas avaliativas diferenciadas, nas quais a própria avaliação é um momento de aprendizagem, de (com)partilhamento e ampliação de saberes. A prática pedagógica da profa. Ana Paula Venâncio, professora alfabetizadora de turmas de primeiro e segundo anos que vimos acompanhando no desenvolvimento da investigação, é, nesse sentido, um bom exemplo de iniciativa diferenciada para a (re)construção e (re)significação da avaliação na alfabetização. A partir dessa prática, vamos puxar o fio inicial da discussão, pois aí está claro que:

AVALIAÇÃO DAS APRENDIZAGENS

a avaliação como prática de investigação pressupõe a interrogação constante e se revela um instrumento importante para professores e professoras comprometidos com uma escola democrática. Compromisso esse que os coloca frequentemente diante de dilemas e exige que se tornem cada dia mais capazes de investigar sua própria prática para formular respostas possíveis aos problemas urgentes, entendendo que sempre podem ser aperfeiçoadas (Esteban, 2008, p. 25).

A prática avaliativa que a professora vem se desafiando a realizar se pauta no diálogo, na interação, na interlocução. Em uma escola pública onde, oficialmente, no primeiro ano de escolaridade do Ensino Fundamental, a avaliação é feita por meio de relatórios[5] escritos pela professora e assinados por ela e pela coordenadora pedagógica, essa professora alfabetizadora faz um movimento de garantir a participação das crianças no processo avaliativo, tornando-os ativamente responsáveis pela avaliação realizada, estabelecendo, portanto, uma *responsabilidade com o coletivo* (Fernandes e Freitas, op. cit.): a avaliação não é responsabilidade da professora ou das crianças, é de todos.

Nessa dinâmica de participação, a professora reconhece e legitima aos seus alunos e alunas o exercício de autonomia de fala e pensamento, pois, ao propor que escrevam sobre o que já aprenderam, sobre o que *ainda* não aprenderam e sobre o que gostariam de (continuar a) aprender, bem como sobre suas impressões acerca do processo de *aprendizagemensino* vivenciado pela turma, o modelo vertical de aprender e ensinar é rompido; cindem-se hierarquias construídas: as relações pedagógicas experienciadas na/pela turma se alicerçam no *falar com*; portanto uma experiência (com)partilhada com o(s) outro(s), mais horizontal e dialógica.

Dessa maneira, longe de ser um instrumento de exclusão, a avaliação, praticada na sala de aula citada, é ferramenta de elaboração, diálogo e construção de conhecimento. Ao deslocar a avaliação do lugar do exame, trazendo-a para a roda de conversa, para a discussão

---

5. Na escola em questão, a avaliação é trimestral e, durante o primeiro ano de escolaridade, adota-se como modelo padrão o relatório proposto pela escola. A partir do segundo ano, passa-se a adotar a prova como ferramenta privilegiada e oficial para avaliar.

e para a confluência de vozes e opiniões convergentes e divergentes, a professora reorganiza a estrutura da sala de aula e garante uma relação mais horizontal. Nesse desafio (com)partilhado, não apenas as crianças aprendem, mas também a professora, e todos, nessa sala de aula, sabem disso, o que corrobora a ideia freireana de não haver docência sem discência (Freire, 1996).

Consequentemente, as relações de poder também são ressignificadas. A criança, essa "estrangeira/estranha/forasteira" da lógica adulta, esse "ainda-não" que precisa ser (en)formado para poder vir a ser — desde um ponto de vista de certa forma ainda hegemônico — deixa de figurar como o cidadão do futuro, do amanhã, e passa a ser cidadão hoje: opina, expressa, sugere. E as decisões, como já apontado anteriormente, é matéria de discussão, negociação, de avaliação para/pelo grupo. Desse modo é que se faz possível a pergunta: *Você gosta de estudar?*

Tal questão não é em vão. A professora lança a proposta na roda de leitura e conversa com as crianças acerca da importância de todos falarem sobre seu processo e, com base nas respostas e impressões de cada um, discutirem no coletivo o processo vivido pelo grupo. As crianças concordam; umas com mais segurança, outras com menos, porque dizem "ainda não saber escrever". Mas o grupo insiste e uma estudante, Camilla, sublinha:

- *Escrevemos como podemos, porque estamos aprendendo!*

No desafiar-se, Nicole escreve, como pode no momento, grafando sua opinião:

> Sim porque faz aprender melhor aescritaeserve para unontes de coisas como mandar cartas, mandar, orkut, mandar email.[6]

(Sim, porque faz aprender melhor a escrita e serve para um monte de coisas, como mandar cartas, mandar Orkut e mandar e-mail).

---

6. A escrita está reproduzida tal qual foi escrita pela criança.

AVALIAÇÃO DAS APRENDIZAGENS

As palavras de Nicole parecem sugerir uma reflexão sobre o processo de aprender a ler e escrever, num movimento de atribuir sentido ao vivido e praticado na escola, uma inscrição na *aprendizagemensino* da leitura e da escrita, na qual se aprende com um propósito próprio, singular, e não para responder às questões da cartilha ou às perguntas feitas para e pela escola. Ademais, como avaliação do *aprenderensinar*, a atividade realizada na sala de aula da turma 101 propicia outra dinâmica ao processo de vivido, pois, longe de aprender para responder às questões propostas na prova, a criança aprende, antes de tudo, que pode aprender e por quê, aprende a assumir, cada vez mais, a posição de atuante, abandonando o lugar da ausência, da falta, do desconhecimento. Não se trata mais do aluno e da aluna com dificuldades de aprendizagem, mas da criança com um movimento próprio de elaboração e construção de conhecimento, ao longo do qual vai se tornando cada vez mais autônomo: pode mandar e-mail, cartas, escrever sozinho.

A avaliação posta em prática na sala de aula permite aos alunos e alunas serem enunciadores de sua própria fala, permitindo, mais do que demonstrarem apenas saberes, exporem experiências, visões de mundo, autoria, emancipação. Isso vai ficando claro à medida que as crianças se põem a escrever, narrar suas experiências e demonstrar seus saberes e ainda não saberes, como nesta outra autoavaliação:

Só porque sei ler e escrever, isso não quer dizer que eu sei tudo

Porque ninguém sabe tudo.

Nem mesmo a minha professora sabe tudo.

Ela é muito legal e divertida

Essa autoavaliação denuncia a assunção, por parte da criança, da consciência do seu inacabamento. Mariana demonstra compreender serem ler e escrever conhecimentos que não esgotam suas possibilidades de aprendizagem. Da mesma forma, parece entender a impossibilidade de saber tudo, algo talvez possibilitado por uma relação pedagógica pautada no diálogo, na curiosidade, nas perguntas. Aprender, nessa turma, não é um exercício de cópia, repetição e memorização do "ensinado", porém é um processo de construção e elaboração de perguntas, de ampliação de saberes, de descobertas (com)partilhadas.

Coerentemente com essa concepção de *aprendizagemensino*, a prática avaliativa realizada na/com a turma 101 se inscreve como uma prática investigativa e formativa, seu percurso é contínuo, complexo e comprometido com a realidade dos alunos e alunas, promovendo aprendizagens, referentes ao *professor e ao desenvolvimento da escola, sendo, portanto, aliada de todos. Despe-se do autoritarismo e do caráter seletivo e excludente da avaliação classificatória* (Villas Boas, 2008, p. 33).

Ademais, ao deslocar o olhar do certo (a avaliação hegemonicamente persegue o "correto" e rejeita o "errado") para o processo de *aprendizagensino*, a professora assume seu papel de investigadora. Dessa forma, suas anotações (no caderno de campo) são parte importante e constitutiva da prática avaliativa, bem como suas fotografias; trata-se de *documentar (e narrar) suas experiências* (Suárez, 2007), (re)pensando-as. A avaliação, aqui vivida (com)partilhadamente, advém justamente da confluência das diversas vozes que falam do/no experienciado na sala de aula. Toda avaliação é autoavaliação, pois não desnuda apenas o movimento de aprendizagem do/a aluno/a, mas afirma ou não a validez de uma prática pedagógica:

Ela tem sentido? Tem despertado o interesse?
Tem possibilitado a aprendizagem?

É essa a dinâmica pensada naquela turma: o que a prática pedagógica ali realizada representa para os diversos praticantes da sala de aula? Logo, se estamos defendendo uma avaliação comprometida em fazer pensar a dinâmica de *aprenderensinar*, colaborando para que as atividades façam sentido para as crianças e professora em seu contexto, não podemos nos esquecer da autoavaliação, componente fundamental no processo de *aprendizagemensino*.

Avaliar o aluno deixa de significar fazer um julgamento sobre a aprendizagem do aluno, para servir como momento capaz de revelar o que o aluno já sabe, os caminhos que percorreu para alcançar o conhecimento demonstrado, seu processo de construção de conhecimentos, o que o aluno não sabe, o que pode vir a saber, o que é potencialmente revelado em seu processo, suas possibilidades de avanço e suas necessidades para que a superação, sempre transitória, do não saber, possa ocorrer (Esteban, 2001, p. 53).

Novamente, insistimos que a prática da professora Ana Paula Venâncio, por meio da qual instiga seus alunos e alunas a perguntarem, a se questionarem diante do mundo, expressa uma concepção outra de *aprenderensinar*, no bojo da qual se faz mister uma *responsabilidade compartilhada* (Perez, 2006).

A *responsabilidade compartilhada* desloca o professor da missão de ensinar e o transforma em um dos sujeitos ativos no processo formativo, assim como as próprias crianças. Ao promover esse deslocamento, essa ideia traz para a prática pedagógica uma dimensão participativa e solidária, além de uma relação de cumplicidade. Assim, professor e alunos — e não apenas estes — vivem em um espaço de liberdade, de (re)significação e, sobretudo, de construção de conhecimento.

(In)conclusões: um convite para outras conversas

Longe de encerrar a conversa, finalizamos este texto lembrando que:

> a escola é um lugar político-pedagógico que contribui para a interseção da diversidade cultural que a circunda e a constitui, sendo espaço de significar, de dar sentido, de produzir conhecimentos, valores e competências fundamentais para a formação humana dos que ensinam e dos que aprendem. Nesse raciocínio, o papel da avaliação é acompanhar a relação ensino e aprendizagem para possibilitar as informações necessárias para manter as intervenções dos docentes e dos educandos (Silva, 2003, p. 11).

Portanto, em uma prática discursiva, na qual a alfabetização deve se consubstanciar em um processo contínuo, comprometido com a aprendizagem dos educandos (Esteban, 2001), a avaliação se torna uma pedra angular para a superação do modelo tradicional e positivista de conhecimento, que tende (a tentar) padronizar os tempos das crianças em um só tempo: o da escola. Ela é, entretanto, ainda uma prática discursiva em formação.

Para pensarmos em uma escola mais democrática, que, para além de ser um meio de reprodução de desigualdade, se consubstancie em um espaço de resistência, emancipação e libertação dos alunos das classes populares (Giroux, 1986, 1987), faz-se mister revermos a forma como temos avaliado e como temos compreendido a avaliação. Temos de ter em vista ser a avaliação um processo que pode ou não auxiliar na formação de cidadãos éticos, mas:

> As pessoas não nascem éticas, elas se tornam éticas a partir de sua formação e se formam na medida em que tomam conhecimento de si mesmas nas relações que estabelecem consigo mesmas, com os outros e com o mundo, e a avaliação tem papel decisivo nesse processo de autoconhecimento (Loch, 2008, p. 106).

Dessa forma finalizamos momentaneamente a conversa, voltando a Skliar (2005) e defendendo uma prática avaliativa atenta ao exercício da alteridade, ao múltiplo, ao improvável. O outro que está aí e muitas vezes nos atravessa inaudível, invisibilizado, menor. Resta, pois, despedirmo-nos, com a esperança de que este estudo possa puxar outros, fios intermináveis no tecer da rede...

Referências

CERTEAU, M. *A invenção do cotidiano.* 13. ed. Petrópolis: Vozes, 2007.

ESTEBAN, M. T. *A avaliação no cotidiano escolar.* Rio de Janeiro: DP&A, 2001.

_____. A avaliação: momento de discussão da prática pedagógica. In. GARCIA, R. L. (Org.). *Alfabetização dos alunos das classes populares*. 5. ed. São Paulo: Cortez, 2001b.

_____. Diferenças na sala de aula: desafios e possibilidades para a aprendizagem. In. GARCIA, R. G.; ZACCUR, E. (Orgs.). *Alfabetização*: reflexões sobre saberes docentes e saberes discentes. São Paulo: Cortez, 2008.

FERRAÇO, C. E. Os sujeitos das escolas e a complexidade de seus fazeres-saberes: fragmentos das redes tecidas em pesquisas com o cotidiano. In: GARCIA, R. L.; ZACCUR, E. (Orgs.). *Cotidiano e diferentes saberes*. Rio de Janeiro: DP&A, 2006.

FERNANDES, C. O. Avaliação escolar: diálogo com professores. In: SILVA, J. F.; HOFFMAN, J.; ESTEBAN, M. T. *Práticas avaliativas e aprendizagens significativas em diferentes áreas do currículo*. Porto Alegre: Mediação, 2008.

_____; FREITAS, L. C. *Indagações sobre currículo*: currículo e avaliação; organização do documento Jeanete Beauchamp, Sandra Denise Pagel, Aricélia Ribeiro do Nascimento. Brasília: Ministério da Educação, Secretaria de Educação Básica, 2007.

FREIRE, P. *Pedagogia da autonomia*: saberes necessários à prática educativa. São Paulo: Paz e Terra, 1996.

_____. *A importância do ato de ler*. 49. ed. São Paulo: Cortez, 2008.

GALLO, S. Acontecimento e resistência: educação menor no cotidiano da escola. In: CAMARGO, A. M. F.; MARIGUELA, M. (Orgs.). *Cotidiano escolar*: emergência e invenção. Piracicaba: Jacintha, 2007.

GIROUX, H. *Escola crítica e política cultural*. São Paulo: Cortez, 1987.

_____. *Teoria crítica e resistência em educação*. Petrópolis: Vozes, 1986.

LARROSA, J. Notas sobre a experiência e o saber da experiência. *Revista Brasileira de Educação*, São Paulo, n. 19, p. 20-8, jan./abr. 2002.

LOCH, J. M. P. O desafio da ética em avaliação. In: SILVA, J. F.; HOFFMAN, J.; ESTEBAN, M. T. *Práticas avaliativas e aprendizagens significativas em diferentes áreas do currículo*. Porto Alegre: Mediação, 2008.

LUCKESI, C. C. *Avaliação da aprendizagem escolar*: estudos e proposições. São Paulo: Cortez, 2000.

PEREZ, C. L. V. Escola: uma construção cotidiana. In. GARCIA, R. L.; SAMPAIO, C. S.; TAVARES, M. T. G. *Conversas sobre o lugar da escola*. Rio de Janeiro: HP Comunicação, 2006.

PERRENOUD, P. *Avaliação*: da excelência à regulação das aprendizagens, entre duas lógicas. Porto Alegre: ArtMed, 1999.

PRADO, G. V. T.; CUNHA, R. B. (Orgs.). *Percursos de autoria*: exercícios de pesquisa. Campinas: Alínea, 2007.

SAMPAIO, C. S. Ambiente alfabetizador na pré-escola: uma construção. In: GARCIA, R. L. *Alfabetização dos alunos das classes populares*. 5. ed. São Paulo: Cortez, 2001.

_____. *Alfabetização e formação de professores*: aprendi a ler [...] quando misturei todas aquelas letras ali. Rio de Janeiro: Wak, 2008.

_____; VENÂNCIO, A. P. Uma experiência de formação docente (com) partilhada: a questão da alfabetização, da surdez e da diferença no cotidiano da sala de aula. In: _____; PÉREZ, C. L. V. (Orgs.). *Nós e a escola*: sujeitos, saberes e fazeres cotidianos. Rio de Janeiro: Rovelle, 2009a.

SANTOS, B. S. Para uma sociologia das ausências e uma sociologia das emergências. In: _____ (Org.). *Conhecimento prudente para uma vida decente*. 2. ed. São Paulo: Cortez, 2006.

SKLIAR, C. A questão e a obsessão pelo outro em educação. In: GARCIA, R; ZACCUR, E.; GIAMBIAGI, I. (Orgs.). *Cotidiano*: diálogos sobre diálogos. Rio de Janeiro: DP&A, 2005.

SMOLKA, A. L. B. *A criança na fase inicial da escrita*: a alfabetização como processo discursivo. 12. ed. São Paulo: Cortez; Campinas: Universidade Estadual de Campinas, 2009.

SUARÉZ, D. H. Docentes, narrativa e investigación educativa: la documentación narrativa de las práticas docentes y la indagación pedagógica del mundo y las experiencias escolares. In: SVERDLICK, I. et al. *La investigación educativa*: uma herramienta de conocimiento y de acción. Buenos Aires: Noveduc, 2007.

VILLAS BOAS, B. M. F. *Virando a escola do avesso por meio da avaliação*. Campinas: Papirus, 2008.

CAPÍTULO 7

A participação das crianças no processo de avaliar o *aprenderensinar* a ler e escrever: desafio(s) para a prática pedagógica

Carmen Sanches Sampaio*
Ana Paula Venâncio**
Tiago Ribeiro***

Quem são os que têm direito a voz na sala de aula?
Que histórias podem ser narradas, problematizadas, transformadas,
incorporadas positivamente aos discursos pedagógicos?
Que palavras podem ser pronunciadas, escutadas, lidas, escritas, apropriadas?
Que olhares, gestos, expressões, propostas,
recursos atravessam a sala de aula,
ampliando e calando vozes?

(Maria Teresa Esteban, 2008)

---

* Professora da Escola de Educação e Mestrado em Educação/UniRio. Coordenadora da Rede de Formação Docente: Narrativas e Experiências (Rede Formad), do Núcleo de Estudos e Pesquisa: Práticas Educativas e Cotidiano (NEPPEC/UniRio) e do GPPF/UniRio. Pesquisadora do Grupo de Pesquisa: Alfabetização dos alunos e alunas das classes populares (Grupalfa/UFF).

** Professora alfabetizadora do Colégio de Aplicação do Instituto Superior de Educação do Rio de Janeiro (Cap/ISERJ), participante do GPPF e da Rede Formad.

*** Mestrando em Educação do PPGEdu-UniRio/Capes. Participante do Grupo de Pesquisa: Práticas Educativas e Formação de Professores (GPPF) e integrante da Rede de Formação Docente: Narrativas & Experiências (Rede Formad), professor do Cap/ISERJ.

As perguntas anteriores, ao nos interrogar, interrogam o vivenciado, cotidianamente, no dia a dia da sala de aula. Afinal, quem decide: O que ensinar? Como ensinar? O que ler? O que escrever? O que discutir? Quando discutir? O que avaliar? Como avaliar?

Incomodadas com a concepção mecanicista de alfabetização que já subsidiou, de modo hegemônico, práticas alfabetizadoras realizadas na escola investigada, algumas professoras dessa escola pública e professora e estudantes de uma universidade pública, há alguns anos, veem se desafiando a investigar e (re)construir práticas alfabetizadoras emancipatórias, legitimadoras de saberes e fazeres docentes e discentes. Práticas pedagógicas que investem na autonomia, criatividade e autoria dos professores e crianças, principalmente, crianças das classes populares, as que têm experimentado o fracasso escolar, em seus processos alfabetizadores.

Mas, insistente, a pergunta retorna: *Quem são os quê tem direito a voz na sala de aula?*

As professoras e professores tem voz no dia a dia da sala de aula? Sabemos que nem sempre. Muitas vezes, outros falam e ditam o que trabalhar na sala de aula via projetos institucionais, projetos governamentais que visam *manter a tutela como concepção dominante, pois, para retirar o chão do outro e convencê-lo de sua total ignorância, é preciso delinear-lhes caminhos sinalizados em direção a um ponto de chegada para que não haja fuga* (Lacerda, 2009, p. 134). Mas, professores e professoras, *sujeitos-praticantes* (Certeau, 1994), insistem em assumir a autoria do trabalho pedagógico atentos às possibilidades existentes ou criadas nos modos como lidam, cotidianamente, com projetos autoritários que buscam homogeneizar práticas e experiências singulares.

E as crianças? Podem falar na sala de aula? São ouvidas ao falar? Podem decidir o que discutir, pesquisar, estudar, ler, escrever? Participam do processo de avaliação? Quem avalia quem? Sabemos que, muitas vezes, ou, melhor dizendo, na maioria das vezes, as crianças não são ouvidas. Seus saberes, fazeres e modos de aprender não são (re)conhecidos e legitimados no dia a dia da sala de aula.

Neste capítulo, temos como objetivo socializar o que, de modo compartilhado — universidade e escola básica — investigamos, no cotidiano de uma escola pública: a construção de modos de alfabetizar comprometidos com o rompimento da *colonialidade do poder nas relações cotidianas* (Esteban, 2008), legitimando crianças e professoras *como sujeitos que têm poder na relação pedagógica* (idem). Praticar ações avaliativas pautadas pela investigação dos percursos experienciados pelas crianças e professora no processo de *aprendizagemensino* é o que perseguimos nas pesquisas realizadas[1] nos últimos anos. Nesse processo, o desafio de garantir a participação efetiva das crianças nas práticas de avaliação realizadas no cotidiano da sala de aula tem sido enfrentado e muito nos tem ensinado e contribuído para desnaturalizar e interrogar modos aprendidos e hegemônicos de avaliar (e de *aprenderensinar*).

No cotidiano da sala de aula, desafios ganham vida...

A experiência alfabetizadora que vem sendo vivenciada pela turma investigada — 1º ano de escolaridade do Ensino Fundamental — indica uma prática dialógica, na qual a leitura e a escrita, bem como o trabalho desenvolvido com/pelo grupo, levam em conta os desejos e a curiosidade manifestada pelas crianças, os saberes que vêm sendo construídos e ampliados por meio da socialização, mediação e interlocução com os outros. Dessa forma, desde o primeiro dia de aula, as crianças dessa turma foram desafiadas a fazer escolhas, combinados, opinar, sugerir, criticar e felicitar. Ações que possibilitam a prática voluntária de ajuda mútua entre elas e potencializam seus

---

1. De 2004 a 2008, acompanhamos uma turma formada por crianças ouvintes e uma criança surda. Com essa turma, investimos na prática de uma *avaliação investigativa* (Esteban, 2008). Por meio desse processo, fomos vivendo o desafio de romper com práticas avaliativas que compreendem a diferença como justificativa para selecionar e classificar as crianças por conta de seus modos singulares de aprender. Alguns textos, produzidos durante essa ação investigativa, socializam e discutem o experienciado nesse processo (Sampaio e Venâncio, 2009a, 2009b; Sampaio, 2007, 2008a).

saberes. Nesse sentido, a sala de aula torna-se, cada vez mais, um *espaçotempo* de solidariedade e amizade.

Vivenciamos e experienciamos — professora alfabetizadora responsável pela turma, professora vinculada à universidade, estudantes bolsistas — o desafio cotidiano de investir na construção de ações pedagógicas e avaliativas que não neguem o outro e ao outro, mas que garantam a efetiva participação das crianças nos processos decisórios, no sentido de, em vez de falar *sobre* eles, possamos compartilhar e mediar, *com* eles, as discussões sobre avaliação.

A prática pedagógica realizada está em permanente movimento, pois é a partir dos movimentos de reflexão, questionamentos, estudo e da prática de (com)partilhar experiências, saberes e desafios com os outros, de longe e de perto — professoras da escola, professoras e estudantes da universidade (UniRio), além das crianças —, que ampliamos conhecimentos e (re)significamos o fazer diário de todos os envolvidos nesse processo. A professora da turma, Ana Paula, vem perseguindo uma prática em permanente diálogo com a teoria, no movimento de tornar-se uma *professora que pesquisa e uma pesquisadora que ensina* (Garcia, 2003), no movimento de tentar investigar os diferentes processos e modos de aprender vivenciados pelos estudantes dessa turma.

Uma turma do 1º ano do Ensino Fundamental, do Instituto Superior de Educação do Rio de Janeiro/ ISERJ — turma 101 — composta de dezenove alunos; em sua maioria, das classes populares. A maior parte dessas crianças está no mesmo grupo desde a creche, dessa mesma instituição. Desse grupo, logo no início do ano letivo, duas crianças estavam alfabetizadas, embora todas elas — como não poderia ser diferente — possuíssem conhecimentos sobre leitura e escrita.

A turma vem demonstrando, desde os primeiros encontros, seus diferentes modos de ser e estar no mundo, expressos por meio da oralidade e de seus modos de ver e perceber a realidade. Nesse sentido, a diferença constitutiva dos sujeitos não nos deixa esquecer que somos sujeitos legítimos e construídos historicamente, com modos

AVALIAÇÃO DAS APRENDIZAGENS

distintos de fazer/pensar e múltiplas formas de ver/perceber. A prática alfabetizadora realizada parte do pressuposto de que cada criança é um sujeito único; crianças compreendidas pelos adultos que com elas lidam, como sujeitos de conhecimento que são; *sujeito outro* que ao(s) outro(s) afeta(m) e pelo(s) outro(s) é afetado (Sarmento, 2004). Nesse sentido, em sala de aula, as crianças se relacionam, entram em conflito, se movimentam, falam, concordam, discordam, brincam e interagem através do diálogo de suas ações e reações nesse espaço e em outros, para além da escola.

As crianças da turma 101 estão em pleno movimento de descoberta da leitura e da escrita. Curiosas, querem saber de tudo, perguntam, questionam, levantam hipóteses e não se sentem inibidas em insistir para solucionar questões, as quais, para elas, ainda não estão resolvidas e/ou compreendidas. Esses saberes (ora incipientes, ora potentes), em constante movimento, vêm tornando a sala de aula um *espaçotempo* de permanentes descobertas e (re)construção de conhecimentos.

No início do ano, no primeiro encontro/aula, as crianças foram instigadas a discutir sobre as brincadeiras praticadas durante aquela semana e, logo depois, a escrever o nome das brincadeiras. Esse movimento deflagrou a discussão em grupo, o conflito entre hipóteses e a colaboração entre as crianças. Do Caderno de Registro de Ana Paula, recuperamos o vivenciado nesse dia, a partir de seu ponto de vista:

> Perguntei para as crianças sobre o que gostariam de fazer. Entre as respostas, algumas disseram que gostariam de fazer dever e aprender a ler e escrever. Mas, brincar foi a atividade mais citada. Continuei instigando e perguntando:
> — De qual brincadeira?
> — Pique-alto, pique-esconde, pique-banco, futebol, pique-cola e boneca, disseram as crianças.
> Foi feita uma votação para a escolha da brincadeira daquele dia e pedi que o aluno Juan registrasse em nosso blocão o nome da brincadeira, quando falou:
> — Mas eu não sei escrever...

— Nós vamos te ajudar! Olha as letras do alfabeto, disse Camilla.

Era o primeiro dia de aula com aquelas crianças. Para a maioria daqueles alunos e alunas, a escola não é lugar de brincar. Na sala de aula, a ansiedade para usar os cadernos, o lápis e a borracha chega a gerar certa angústia se não forem logo utilizados.

Juan foi surpreendido pela proposta da escrita. De certa forma, naquele momento percebeu que a escrita iria exigir mais do que até aquele momento fizera. Porém se encorajou a escrever quando Camilla, aluna alfabetizada, disse: "Nós vamos te ajudar, olha as letras do alfabeto!".

O alfabeto colocado junto ao quadro não se tornaria uma sequência de letras mortas, estando ali somente para enfeitar a sala. Era a ele que Juan deveria recorrer para escrever o nome da brincadeira. Camilla chama atenção para as letras, solicita que as consulte para escrever o nome da brincadeira.

Juan ao escrever, foi sendo ajudado pelas outras crianças, que informavam a letra, levantavam hipóteses de escrita, gritavam para ele uma letra, outros diziam que não era aquela, ou seja, um ambiente de muito barulho e troca de saberes. As dúvidas se tornavam discussões. Os alunos com "um pouco mais de conhecimento" sobre a língua ajudavam e formulavam hipóteses. Sem muita interferência da professora, a palavra pique-alto foi escrita no blocão.

(Ana Paula, Caderno de Registros)

Os *saberes* e *ainda não saberes* (Esteban, 2001) das crianças demonstram o movimento do processo de alfabetização vivenciado e experienciado por elas. O diálogo entre as crianças proporcionou o (com)partilhamento e a socialização de diversos saberes. Para a professora, fazer "com ajuda" é constitutivo do processo de *aprenderensinar*. As crianças, por vivenciarem desde a Educação Infantil um processo de aprendizagem mais solidário, no primeiro dia de aula, na "nova" turma, se oferecem para ajudar o colega que dizia: — *Mas, eu não sei escrever!* De fato, sozinho, Juan não escreveria o nome da brincadeira, mas com os colegas e a professora ouvindo o que pensava, confirmando ou não suas hipóteses, fornecendo pistas, apontando as letras no alfabeto da sala e acreditando em sua capacidade para escrever, escreveu "PIQI AUTO".

A prática pedagógica, realizada nessa sala de aula e em algumas outras dessa escola, procura investir no *conhecimento prospectivo* (Vygotsky, 1989) das crianças (e professoras), no sentido de romper com a oposição *saber/não saber* que considera apenas o desenvolvimento consolidado. E, nesse processo, as crianças vão adquirindo confiança em sua capacidade para *aprenderensinar*, pois todos podem ajudar e serem ajudados. A ajuda representa, nesse movimento, uma ação solidária, ação de potencialização para os saberes *emergentes* e um ampliador de saberes *presentes* (Sampaio, 2008).

Por isso, nessa turma, a discussão sobre as atividades que são propostas tornou-se uma prática diária. As crianças sabem que a agenda proposta para o dia, no início do dia, pela professora, está aberta a modificações. Sendo assim, sugerem outras atividades, fazem outras propostas e negociam com a professora e colegas o que, como e quando fazer. Embora nem todas as crianças participem, do mesmo modo, do movimento de sugerir — algumas são mais tímidas — todas opinam, discordam, votam e discutem, ou seja, a prática realizada na sala de aula tenta consubstanciar-se em um processo dinâmico e democrático garantindo *espaçostempos* cotidianos de legitimação das vozes e desejos infantis.

No movimento de *aprenderensinar*, assim como no processo de avaliar, existe, nessa turma, a Roda de Conversas, realizada diariamente com as crianças, em que vários assuntos são discutidos, garantindo espaços de fala, críticas e perguntas e o aflorar de diálogos, cooperação e compreensão, o que auxilia na construção de vínculos. A ideia da Roda de Conversas é, pois, possibilitar a interação, o compartilhamento de conhecimentos e a busca pelo *autoconhecimento* (Esteban, 2003). É nela, aliás, que foram (e são) vivenciadas as primeiras discussões sobre a avaliação da turma.

Todavia, apesar desse processo e da intencionalidade da proposta de uma *avaliação investigativa* (idem) com a participação de todos — crianças e professora —, o relatório do primeiro trimestre foi escrito apenas pela professora. Para escrever os relatórios, disse-nos a profa. Ana Paula, *recorri ao meu Caderno de Registros, instrumento no qual relato diariamente as ocorrências da sala de aula, nossas discussões da Roda de Conversas, nossa agenda de trabalho do dia, bem como as sugestões das crianças.*

Mas, se os alunos e alunas da turma 101 discutem, opinam, votam e falam o que pensam, por que suas falas e desejos não foram transcritos no relatório? Por que somente a professora falou *sobre* eles, quando, na prática cotidiana, persegue o movimento de falar *com* eles? O que esse acontecimento desnuda, que dinâmicas estão por trás do movimento de ora falar sobre os alunos, ora falar com eles? Talvez esse fato nos propicie pensar no inacabamento de que somos constituídos (Freire, 1996), revelando uma postura móbil, isto é, a professora se encontra num movimento de (re)significar e (trans)formar sua prática, de forma que sua postura de ora falar sobre e ora falar com os alunos não se consubstancia numa incoerência, mas faz parte do processo de conceder sentido(s) à sua prática, num processo dinâmico de significação e tentativa, no qual não há propriamente erros ou acertos, porém aprendizagens, das quais aqueles são parte.

O questionamento da própria prática, o diálogo com a teoria e a interlocução com grupos de pesquisa aos quais Ana Paula está vinculada têm possibilitado que ela ouse, cada vez mais, praticar ações avaliativas que se afastam de uma concepção classificatória de avaliação, pois o diálogo com o outro possibilita ver e saber o que sozinha seria impossível em dado momento. Nesse sentido, a partilha de experiências, a interlocução com o outro, possibilitam repensar a própria prática e seus pontos de vista.

Sabemos que esse processo investigativo sobre as práticas avaliativas é tenso, dinâmico e instaurador de conflitos. Mas, a experiência com as crianças tem detonado reflexões e propiciado a construção diária de relações mais horizontais nos momentos de tomada de decisões, de escolhas, que orientam cotidianamente o processo de *aprenderensinar.*

Vale salientar ter sido na Roda de Conversas que Ana Paula conversou com as crianças sobre as inquietações de escrever *sobre* elas mesmas, avaliando-as, tendo como referência somente o Caderno de Registros, seus próprios modos de ver e de compreender. A alternativa encontrada pela professora, na época, foi ler para a turma os relatórios produzidos, sinalizando que, para a segunda etapa, os relatórios seriam realizados com eles, em coautoria, uma ação compartilhada.

É importante ressaltar, porém, que acreditar que alunos tão pequenos possam discutir o próprio processo de aprendizagem, autoavaliar-se, avaliando, nesse movimento, colegas e professora, tem sido o ponto mais desafiador.

Um modo aprendido de lidar com as crianças, compreendendo-as como sujeitos do *futuro*, que ainda não podem no *presente* decidir sobre questões que as envolvem, ainda é forte e faz parte de nós, por mais que dessa concepção queiramos nos afastar. Mas, assumir uma perspectiva teórica que *reconhece que há realidades sociais que só a partir do ponto de vista das crianças e dos seus universos específicos podem ser descobertas, apreendidas e analisadas* (Pinto, 1997, p. 65) nos torna mais confiantes na possibilidade de ir rompendo com concepções adultocêntricas e autoritárias que calam e, muitas vezes, negam as crianças.

Defendemos, com frequência, práticas alfabetizadoras mais dialógicas. Esquecemos, entretanto, que é no par comunicativo *eu--outro* que emergem os processos intersubjetivos e práticas sociais como constituintes do sujeito e da linguagem com os conflitos, confrontos, contradições, encontros e desencontros próprios desse movimento. *A orientação dialógica, coparticipante, é a única que leva a sério a palavra do outro e é capaz de focalizá-la como posição racional ou outro ponto de vista,* nos ensinou Bakhtin (1997, p. 64). Portanto, é no exercício cotidiano de lidar com as crianças, de parar para ouvi-las, de fato, de conversar *com* elas que é possível experienciar o aprendizado de (re)conhecê-las como o *outro* do adulto. A alteridade da infância, como nos provoca Larrosa (1999), significa *nada mais, nada menos que sua absoluta heterogeneidade em relação a nós e ao nosso mundo, sua absoluta diferença.*

Nesse sentido, reconhecer como legítimo o que dizem os alunos e alunas, garantindo-lhes efetiva participação nos processos decisórios implica *transformar relações de poder desigual em relações de autoridade partilhada* (Santos, 2006). A centralidade do lugar tradicionalmente ocupado pela professora nas relações pedagógicas se altera radicalmente. Talvez, esse seja um dos motivos pelos quais as crianças, seus saberes, fazeres e lógicas sejam neglicenciados, com frequência, dentro e fora da escola.

Caminhando na contramão do ainda hegemonicamente praticado na escola — sistemas únicos de avaliação, com modelos univocamente iguais de provas e relatórios, por meio dos quais se acaba por (tentar) igualar as turmas nas prerrogativas de *rendimento* e *resultados verificáveis* (Esteban, 2003) —, as crianças da turma 101, no segundo trimestre, escreveram seus relatórios, como parte do movimento de avaliar, com a participação de todos, sobre o processo de *aprenderensinar* experienciado por essa turma.

Na Roda de Conversas, foram discutidas questões referentes ao *aprendizagemensino:* "O que já sabemos? O que ainda não sabemos? O que nos ajuda a aprender? O que não ajuda? O que gostamos ou não gostamos de fazer na escola? E fora da escola? É importante parar para pensar sobre essas questões? Por quê? Quem lê os relatórios de avaliação produzidos pelas professoras? Para que servem? É importante que as crianças participem desse processo? Por quê?".

Essas discussões não são fáceis de serem realizadas, pois é no exercício cotidiano de conversar, debater e refletir que a aprendizagem de escutar o outro, de concordar ou discordar, trazendo seus modos de pensar e aprendendo a contra-argumentar, vai acontecendo. As vozes infantis trazem o ruído e o barulho, compreendidos, muitas vezes, como "bagunça", como desordem. Mas, é necessário acolher as narrativas infantis permeadas de seus modos singulares de ver e compreender o mundo, com suas lógicas que, com frequência, nós, adultos, ainda não conseguimos seus sentidos conhecer.

As crianças disseram, nos relatórios, o que pensam, rompendo com o silêncio e com o medo de ser o que é. Escreveram sobre o

AVALIAÇÃO DAS APRENDIZAGENS

sentido da escola para cada uma delas, a partir de seus pontos de vista. Leonardo, um dos alunos da turma, escreveu:

> EU NÃO GOSTO DE ESCREVER PORQUE DOI A MÃO.
> JÁ SEI LER ALGUMAS COISAS, SEI CONTAR ATÉ 100.

Ewellen, após a escrita do alfabeto, pede ajuda para uma amiga alfabetizada, Camilla, e escreve:

> EU AINDA PRECISO DE AJUDA PARA LER E ESCREVER.
> E MEUS AMIGOS E A PROFESSORA ME AJUDAM.

Em sua escrita, essa criança nos pede ajuda, sinaliza *saberes* e *ainda não saberes*, sinaliza também que sabe da importância da interlocução com outros, também em processo de aprendizagem, para ampliar seus próprios conhecimentos. Ewellen está com esse grupo desde a creche. Menina negra e muito tímida, fala pouco e baixo. É moradora do Morro do Borel, uma comunidade localizada no bairro da Tijuca. Faz parte de uma família constituída por sua mãe e mais quatro irmãos. O pai foi embora de casa, deixando a mãe sozinha para sustentar os filhos, ainda pequenos. Ewellen falta muito, e um dos motivos é a falta de dinheiro para locomoção e quem a pegue na escola, pois a mãe trabalha todo o dia. Por isso, só vai à escola quando a irmã mais velha pode buscá-la.

Infelizmente, esse é um quadro muito conhecido para as crianças das classes populares, que tem de conviver entre o desejo de aprender e a impossibilidade de ir para a escola todos os dias. Conversando com sua mãe, soubemos que seus irmãos estudam em uma escola municipal perto de sua casa, mas a própria Ewellen insiste em permanecer no ISERJ. Gosta da escola e da turma. Sabemos que o Instituto Superior de Educação/RJ, por toda a sua história e estrutura física, é valorizado pelos pais e/ou responsáveis, que, tendo acesso à escola, procuram manter seus filhos na instituição.

Camilla, que ajudou Ewellen, iniciou o ano alfabetizada. Também está nessa turma desde a creche. Ao se avaliar, escreve, em seu relatório:

> EU PRECISO DE AJUDA PARA ALGUMAS COISAS, POR EXEMPLO, SAUDADE COMO EU VOU SABER SE É COM Ç OU COM S EU QUANDO CHEGUEI AQUI EU SABIA ESCREVER ALGUMAS COISAS AGORA EU SEI LER QUASE TUDO E ISSO É SÉRIO SE NÃO ACREDITAM EM MIM POIS ESTÃO MUITO ENGANADOS EU JÁ SEI
>
> EU SÓ CONSEGUIA CONTAR ATÉ 199 E AGORA EU SEI CONTAR ATÉ 299 QUEM NÃO ME CONHECE ACHA QUE EU NÃO SEI LER NEM ESCREVER POIS ESTÃO MUITO ENGANADOS POIS EU SEI LER E ESCREVER SIM MEUS PAIS SABEM.

Camilla, uma criança que a todos ajuda, inicia seu texto dizendo *eu preciso de ajuda para algumas coisas* [...]. O que diz é emblemático e nos revela o experienciado nessa turma: todos podem ajudar e ser ajudados. As crianças sabem disso. Sabem que os conhecimentos e desconhecimentos de cada uma das crianças não são razões para classificá-las, etiquetá-las e agrupá-las: "os que sabem", "os que não sabem", "os em processo". *Saber* e *ainda não saber*, conhecimentos e desconhecimentos fazem parte do mesmo processo — o processo de aprender, constituído por permanente movimento, pelo inacabamento. Camilla se questiona: [...] *saudade como eu vou saber se é com ç ou com s?* Mas sabe que ampliou seus conhecimentos — *quando cheguei aqui eu sabia escrever algumas coisas agora eu sei ler quase tudo.* Não é esse o papel da escola? Sabemos que o não aprendizado da linguagem escrita, nos anos iniciais, é responsável por um número significativo de repetência e evasão. A alfabetização de todos os alunos e alunas ainda é um desafio para a nossa escola. A contradição entre a universalização do acesso à escola e a democratização do acesso ao conhecimento nos interroga, cotidianamente.

Nesse sentido, para nós, (re)conhecer e legitimar os *saberes* e *ainda não saberes* infantis trazem para o cotidiano da sala de aula um aprender solidário, com as crianças sendo ajudadas pela professora ou pelos colegas a realizar o que ainda não são capazes de fazer sozinhas, alterando significativamente o processo de *aprenderensinar* — um processo pedagógico *responsável por esse outro* (Skliar, 2009, p. 32).

Maria Teresa Esteban, sempre presente em nossas discussões e estudos, nos lembra, com insistência:

> Encontrar o que o aluno sabe é tão importante quanto encontrar o que ele não sabe, *mas* na perspectiva de que *ainda* não sabe, o que afirma a sua potencialidade para novas aprendizagens e a parcialidade de todo conhecimento. O que *ainda não se sabe* demarca uma síntese entre o conhecimento, devendo ser um direcionador da atividade pedagógica (Esteban, 1996, p. 49).

Ao deslocar a avaliação do lugar hegemonicamente colocado, rejeitando-a como um meio de tecer teias invisíveis de exclusão e ao trazer para a Roda de Conversas a discussão e reflexão sobre os *saberes* e *ainda não saberes* de cada um e do próprio grupo, a professora reorganiza a estruturação do poder na sala de aula e garante uma relação horizontal, corroborando a ideia freireana de não haver docência sem discência (Freire, 1996). Consequentemente, ela, professora, permite a percepção da importância da aprendizagem aos alunos, como explicitado na autoavaliação de Fábio Peter:

EU APRENDI A ESCREVER, LER E DESENHAR. FOI MUITO LEGAL!

EU GOSTO DE IR NO COMPUTADOR PARA JOGAR.
ANTES EU CHAMAVA A MINHA MÃE. AGORA FAÇO SOZINHO.

A relação pedagógica existente nessa sala de aula é significativa para as crianças. Fábio Peter aprendeu a ler e escrever para seu uso cotidiano, para a vida, e não para responder às questões impostas por um exame, comumente dissociadas do vivido pelas crianças. Logo, a avaliação não só permite à professora refletir acerca do aprendizado das crianças, como também possibilita a elas uma reflexão do que estão aprendendo e para quê, de maneira que a lógica escolar do *quem ensina o que para quem e onde* cede espaço a uma nova dinâmica na qual professor e aluno assumem papéis convergentes e divergentes: ambos ensinam enquanto aprendem e aprendem enquanto ensinam (Smolka, 2003).

Nesse processo, a criança aprende, antes de tudo, que pode aprender, aprende a assumir, cada vez mais, a posição de agente, abandonando o lugar da ausência, da falta, do desconhecimento. É essa assunção de si mesmo como sujeito/agente em construção, em movimento, em constante aprendizagem, que possibilita, pensamos nós, a Gabriel escrever sua autoavaliação da seguinte forma:

> EU APRENDI QUE EU JÁ POSSO LER O QUE EU QUISER.
>
> EU GOSTO DE LER E ESCREVER. É MUITO BOM PORQUE AJUDA A GENTE A APRENDER MAIS.

A alegria por poder escolher, decidir, *aprender mais* por meio da leitura e da escrita está presente na avaliação realizada. Gabriel e seus colegas aprenderam a ler e escrever se assumindo como atores e autores desse processo. Reafirmamos: essa professora e algumas outras dessa escola vêm investindo em ações pedagógicas pautadas no diálogo, na produção de textos escritos e orais, de forma colaborativa e solidária, garantindo que as crianças possam aprender a ler e escrever usando, praticando, experienciando a linguagem escrita com sentido e funcionalidade (cf. Sampaio e Venâncio, 2009). Isso faz toda a diferença para o processo de *aprenderensinar*, para as relações construídas com a linguagem escrita pelas crianças e professoras.

Nessa perspectiva, *docentes e estudantes atuam como mediadores do processo ensino-aprendizagem e da avaliação* (Esteban, 2008, p. 86). Os relatórios da 2ª e 3ª fases foram escritos e assinados pelas crianças e, também, pela professora. A escrita (e discussão) dos relatórios significou, por sua vez, a percepção do processo de *aprendizagemensino* experienciado pelo grupo, colaborando para que as crianças vivam o aprendizado de ficar mais atentas a si próprias e ao outro; compreendendo, desde cedo, *a diferença como aquilo que nos constitui, a todos e a todas, sem exceções hierárquicas a serem traçadas e/ou reveladas* (Skliar, 2009, p. 31).

Leonardo, Ewellen, Camilla, Fábio Peter e Gabriel imprimiram, assim como os outros alunos e alunas da turma 101, sua marca em seus relatórios. Vivenciando aprendizagens diferentes, essas crianças ocupam o lugar da presença, do *ser mais* (Freire, 2002), pois, *com e nesse processo, vão se (inscre)vendo, cada vez mais, como sujeitos de direito. Argumentam, contra-argumentam, passam a conhecer melhor o próprio processo de aprendizagem, realizado por elas e pelos colegas* [...] (Sampaio, 2009).

Dos desafios enfrentados, aprendizados...

Temos nos interrogado e aprendido na prática (investigativa) cotidiana *com* as crianças o quanto (ainda) é difícil não reforçar uma visão colonialista sobre as crianças. Sabemos que nem sempre "dar" voz às crianças significa ouvi-las. Nem sempre ouvi-las significa (re)conhecer e legitimar o que dizem e pensam. Com frequência, o que as crianças pensam e dizem altera o processo de *aprenderensinar* (e avaliar) e provoca interrogações sobre nossas certezas, dando margem ao imprevisto, ao acaso, ao surgimento do ainda não conhecido no dia a dia da sala de aula. Quem sabe seja esse um dos motivos pelos quais ouvir as crianças não tem garantido a valorização da sua voz?

Na discussão que realizam sobre os direitos das crianças, Sarmento e Pinto (1997, p. 19) analisam a tradicional distinção entre *direitos de proteção, de provisão e de participação* alertando-nos que, entre os *três p, aquele sobre o qual menos progressos se verificaram na construção das políticas e na organização e gestão das instituições (e, em particular, nas escolas) é o da participação.*

Há alguns anos, temos investigado e investido em ações alfabetizadoras e avaliativas *com* as crianças se inscrevendo como autoras e protagonistas desse processo. Podemos afirmar, a partir da experiência investigativa realizada, que os temas trabalhados em sala de aula e os modos como tem sido trabalhados ganharam sentidos e significados outros, pois as vozes infantis trazem a curiosidade das crianças por saber mais, por compreender o aprendido, a ousadia e a criatividade ao lidar com as questões cotidianas.

A participação infantil nos processos de *aprenderensinar* interroga nossos modos aprendidos de ensinar e nos ensinam sobre seus modos singulares de aprender. Sinalizam caminhos não pensados por nós, adultos, indicando temas e projetos, muitas vezes, ignorados pela escola. O interesse pelas discussões e pesquisas realizadas pelas crianças dessa turma nos surpreendem e revelam que o *tempo* de realização de um projeto precisa ter como princípio norteador o desejo de discutir e estudar o tema em foco e não o tempo pensado *a priori* pelos professores e professoras nas reuniões pedagógicas. Inexistem, nessa turma, atividades específicas para aprender a ler e escrever separadamente ou à parte dos projetos em desenvolvimento. As crianças aprendem a ler e escrever lendo e escrevendo sobre os temas que decidem estudar, de modo coletivo, portanto, temas que provocam aprendizagem.

A participação infantil nas ações avaliativas confirma que as crianças são sujeitos de conhecimento, cidadãos de pouca idade, apenas, mas, cidadãos com direitos e deveres. Quando falam sobre o que aprenderam e ainda não aprenderam, fora e dentro da escola, fornecem pistas à prática pedagógica. O que ainda não sabem, mas querem e desejam aprender é priorizado pela professora dessa turma. Se soubermos ouvir, ver e, portanto, compreender as crianças, elas nos darão pistas preciosas sobre os modos como podemos lidar com as propostas pedagógicas/alfabetizadoras. O relatório avaliativo produzido por Lucas, em dezembro, no final do ano letivo, sintetiza

AVALIAÇÃO DAS APRENDIZAGENS

o discutido e socializado neste capítulo e abre possibilidades de trabalho com a turma no 2º ano de escolaridade para o próximo ano. Vamos a ele:

EU JÁ APRENDI[2]
1 — QUE OS INSETOS SE CAMUFLAM PARA QUE O PREDADOR NÃO O COMA.
2 — EU APRENDI A FAZER TABUADINHA.
3 — APRENDI A FAZER MASSINHA.
4 — EU JÁ SEI LER TUDO EM PORTUGUÊS.
5 — EU JÁ APRENDI QUE O BESOURO SE FINGE DE MORTO.
6 — EU JÁ SEI ESCREVER TUDO EM PORTUGUÊS.
7 — TODOS OS TRABALHOS QUE EU FIZ DEVEM SER GUARDADOS NÃO PARA JOGAR FORA.
8 — EU APRENDI A ESPETAR OS INSETOS.
9 — EU GOSTO DE ESTUDAR SOBRE ELES.
10 — APRENDI A FAZER CARICATURAS DE PESSOAS NO LIVRO DO MONET.
11 — APRENDI A FAZER A GAVETA ENTOMOLÓGICA.

AINDA NÃO APRENDI. QUERO APRENDER
1 — QUAIS SÃO OS INSETOS QUE SE FINGEN DE MORTOS SÓ O BESOURO?
2 — QUAIS OS INSETOS QUE TRANSMITEM DOENÇAS?
3 — QUERO APRENDER A FAZER OUTRAS LÍNGUAS EM VEZ DE PORTUGUÊS.
4 — QUANTO TEMPO OS INSETOS VIVEM?
5 — PORQUE CLAUDE MONET NÃO PRESTAVA ATENÇÃO NAS AULAS?
6 — QUANTOS CONTINENTES EXISTEM NO MUNDO INTEIRO?
7 — POR QUE AS COBRA GOSTA DE COMER BICHO VIVO?

Para (provisoriamente) fechar este capítulo, recorremos a Jorge Larrosa, pois experienciamos na prática o que defende:

A criança inquieta o que sabemos (e inquieta a soberba da nossa vontade de saber), na medida em que suspende o que podemos (e a arrogância da nossa vontade de poder) e na medida em que coloca em questão os lugares que construímos para ela (e a presunção de nossa

---

2. Transcrevemos o texto das crianças mantendo a forma original quanto à grafia e forma.

vontade de abarcá-la). Aí está a vertigem: *no como a alteridade da infância nos leva a uma região em que não comandam as medidas do nosso saber e do nosso poder* (Larrosa, 1999, p. 185).

Referências

BAKHTIN, M. *Problemas da poética de Dostoiévski*. Rio de Janeiro: Forense Universitária, 1997.

CERTEAU, M. *A invenção do cotidiano*: artes do fazer. Petrópolis: Vozes, 1994.

ESTEBAN, M. T. Uma avaliação de outra qualidade. *Presença Pedagógica*, Minas Gerais, n. 8, mar./abr. 1996.

_____. *O que sabe quem erra?* Reflexões sobre avaliação e fracasso escolar. Rio de Janeiro: DP&A, 2001a.

_____. A avaliação: momento de discussão da prática pedagógica. In. GARCIA, R. L. (Org.). *Alfabetização dos alunos das classes populares*. 5. ed. São Paulo: Cortez, 2001b.

_____. Ser professora: Avaliar e ser avaliada. In: ESTEBAN, M. T. (Org.). *Escola, currículo e avaliação*. São Paulo: Cortez, 2003.

_____. Dar voz, silenciar, tomar a palavra: democratização e subalternidade na avaliação escolar. In: FETZNER, Andréa Rosana (Org.). *Ciclos em Revista* — Avaliação: desejos, vozes, diálogos e processos. Rio de Janeiro, Wak, v. 4, p. 1-13, 2008.

_____. Diferenças na sala de aula: desafios e possibilidades para a aprendizagem. In. GARCIA, R. G.; ZACCUR, E. (Orgs.). *Alfabetização*: reflexões sobre saberes docentes e saberes discentes. São Paulo: Cortez, 2008b.

FREIRE, P. *Pedagogia da autonomia*: saberes necessários à prática educativa. São Paulo: Paz e Terra, 1996.

_____. *Pedagogia do oprimido*. Rio de Janeiro: Paz e Terra, 2002.

GARCIA, R. L. (Org.). *A formação da professora alfabetizadora*: reflexões sobre a prática. São Paulo: Cortez, 2003.

_____; ZACCUR, E. (Orgs.). *Alfabetização*: reflexões sobre saberes docentes e saberes discentes. São Paulo: Cortez, 2008.

LACERDA, M. P. Saberes em cotidiano escolar nas escritas de quem ensina a escrever. In: _____ (Org.). *A escrita inscrita na formação docente*. Rio de Janeiro: Rovelle, 2009.

LARROSA, J. *Pedagogia profana*: danças, piruetas e mascaradas. 2. ed. Belo Horizonte: Autêntica, 1999.

PINTO, M. A infância como construção social. In: PINTO, M.; SARMENTO, M. (Coords.). *As crianças*: contextos e identidades. Braga: Centro de Estudos da Criança, Universidade do Minho, 1997.

SAMPAIO, C. S. Mediação pedagógica: o papel do outro no processo ensino-aprendizagem. In: FETZNER, Andréa Rosana (Org.). *Ciclos em Revista*: a construção de uma outra escola possível. Rio de Janeiro: Wak, v. 1, p. 71-80, 2007.

_____. Diálogo das diferenças no cotidiano da sala de aula: interrogações para o processo de ensinar e aprender? In: FETZNER, Andréa Rosana (Org.). *Ciclos em Revista*: a aprendizagem em diálogo com a diferença. Rio de Janeiro: Wak, v. 3, p. 66-79, 2008a.

_____. *Alfabetização e formação de professores*: aprendi a ler [...] quando misturei todas aquelas letras ali. Rio de Janeiro: Wak, 2008b.

_____; VENÂNCIO, A. P. Uma experiência de formação docente (com) partilhada: a questão da alfabetização, da surdez e da diferença no cotidiano da sala de aula. In: _____; PÉREZ, C. L. V. (Orgs.). *Nós e a escola*: sujeitos, saberes e fazeres cotidianos. Rio de Janeiro: Rovelle, 2009a.

_____; VENÂNCIO, A. P. Saberes e fazeres docentes: Curiosidade e desejo no processo de aprender/ensinar a ler e a escrever. In: CONGRESSO DE LEITURA DO BRASIL (COLE), 17., *Anais...*, Campinas, ALB, 2009b. Disponível em: <www.alb.com.br/anais17/txtcompletos/sem20/COLE_2706.pdf>. Acesso em: 17 jan. 2010.

SANTOS, Boaventura de Sousa. *A gramática do tempo*: para uma nova cultura política. São Paulo: Cortez, 2006.

SARMENTO, M. J. As culturas da infância nas encruzilhadas da segunda modernidade. In: _____. CERISARA, A. B. *Crianças e miúdos*: perspectivas sociopedagógicas da infância e educação. Porto: Asa, 2004.

SARMENTO, M. J.; PINTO, M. As crianças e as infâncias: definindo concei-tos, delimitando o campo. In: _____; _____ (Coords.). *As crianças*: contextos e identidades. Braga: Centro de Estudos da Criança, Universidade do Minho, 1997.

SKLIAR, C. O argumento da mudança educativa. In: SAMPAIO, C. S.; PÈREZ, C. L. V. (Orgs.). *Nós e a escola*: sujeitos, saberes e fazeres cotidianos. Rio de Janeiro: Rovelle, 2009.

SMOLKA, A. L. B. *A criança na fase inicial da escrita*: a alfabetização como processo discursivo. 12. ed. São Paulo: Cortez; Campinas: Universidade Estadual de Campinas, 2003.

VYGOTSKY, L. S. *A formação social da mente*. São Paulo: Martins Fontes, 1989.

SOBRE OS AUTORES

ANA PAULA VENÂNCIO é professora alfabetizadora. Leciona no Instituto Superior de Educação do Rio de Janeiro (Iserj). Mestranda em Educação pelo PPGEdu/Unirio. Integrante do Grupo de Estudos e Pesquisas de Professoras(es) Alfabetizadoras(es) Narradoras(es) — Geppan/Unirio, do Grupo de Pesquisa Práticas Educativas e Formação de Professores — GPPF/Unirio e do Grupo de Estudo e Formação de Escritores e Leitores — Gefel/ Iserj.
E-mail: anapaulavenancio@infolink.com.br.

ANDRÉA ROSANA FETZNER é formada em Ciências Sociais, doutora em Educação pela UFRGS. Atualmente é professora do Programa de Pós-graduação em Educação e do Departamento de Didática na Universidade Federal do Estado do Rio de Janeiro — Unirio. Coordena o Grupo de Estudos e Pesquisas em Avaliação e Currículo — Gepac/Unirio/CNPq. Autora do livro *Ciclos de formação: uma proposta transformadora*, pela editora Mediação, e organizadora da Coleção *Ciclos em Revista*, pela WAK Editora. Dedica-se especialmente à pesquisa nos temas de currículo e avaliação em escolas democráticas.
E-mail: akrug@uol.com.br; http://arfetzner.blogspot.com.br.

CARMEN SANCHES SAMPAIO é pedagoga, doutora pela Unicamp e pós-doutora pela UBA/Argentina, em Educação. Professora associada da Escola de Educação e do Programa de Pós-graduação em Educação

— Unirio. Pesquisadora vinculada ao Núcleo de Estudos e Pesquisas: Práticas Educativas e Cotidiano Neppec/Unirio e à Rede de Formação Docente: Narrativas e Experiências — Rede Formad. Coordena a Coleção *(Com)Textos da Educação*, pela Rovelle. Autora do livro *Alfabetização e formação de professores*, pela WAK Editora. Investiga temas relacionados à formação docente; alfabetização; educação infantil; cotidiano escolar.

E-mail: carmensanches.unirio@gmail.com.

CLAUDIA DE OLIVEIRA FERNANDES é pedagoga, doutora em Ciências Humanas e Educação pela PUC-Rio e pós-doutora em Avaliação pela Universidade Federal Fluminense. Atualmente é professora associada da Faculdade de Educação e do Programa de Pós-graduação em Educação da Universidade Federal do Estado do Rio de Janeiro/ Unirio. Coordena o Grupo de Estudos e Pesquisas em Avaliação e Currículo (Gepac/Unirio/CNPq). Tem experiência na área de Educação há 30 anos, dezoito destes dedicados à escola de educação básica. Desenvolve pesquisas cuja maior preocupação relaciona-se com o papel social da escola hoje e com práticas avaliativas emancipatórias. Possui publicações em livros e periódicos na área de ciclos, educação integral e avaliação. É autora do livro *Escolaridade em ciclos: desafios para a escola do século XXI*, pela WAK Editora.

E-mail: coff@uol.com.br.

CELSO DOS SANTOS VASCONCELLOS é pedagogo, filósofo, mestre em História e Filosofia da Educação pela PUC-SP, doutor em Educação pela Universidade de São Paulo — USP, pesquisador, escritor, conferencista, professor convidado de cursos de graduação e pós-graduação, consultor de secretarias de educação, responsável pelo Libertad — Centro de Pesquisa, Formação e Assessoria Pedagógica/SP.

E-mail: celsovasconcellos@uol.com.br; www.celsovasconcellos.com.br.

IGOR HELAL é graduado em Pedagogia pela Universidade Federal do Estado do Rio de Janeiro — Unirio e Mestre em Educação pela mesma universidade. Pesquisador do Grupo de Pesquisas Práticas Edu-

AVALIAÇÃO DAS APRENDIZAGENS

cativas e Formação de Professores — GPPF/Unirio/CNPq e integrante da Rede de Formação Docente: Narrativas e Experiências — Rede Formad. Experiência com estudos, pesquisas e publicações na área de Formação de Professores, Alfabetização e Cotidiano Escolar, tendo como implicação as fotografias docentes produzidas em diferentes espaços de formação docente, nos quais se inclui a escola. Atualmente é professor das séries iniciais do Colégio de Aplicação da UFRJ.

E-mail: igor.helal@gmail.com.

OCIMAR MUNHOZ ALAVARSE é pedagogo, doutor em Educação pela Universidade de São Paulo — USP. Foi coordenador pedagógico na Rede Municipal de Ensino de São Paulo. Atualmente é professor da Faculdade de Educação da USP, onde coordena o Grupo de Estudos e Pesquisas em Avaliação Educacional — Gepave. Tem desenvolvido pesquisas e publicações sobre ciclos, progressão continuada e avaliação educacional.

E-mail: ocimarm@uol.com.br.

SANDRA M. ZÁKIA L. SOUSA é licenciada em Pedagogia pela Universidade Mackenzie, mestre em Educação: Supervisão e Currículo pela PUC-SP e doutora em Educação pela Universidade de São Paulo. Nesta universidade é professora da Faculdade de Educação, atuando na pós-graduação na área Estado, Sociedade e Educação. O campo de pesquisa privilegiado trata de política e avaliação educacional com produções divulgadas em artigos e capítulos de livros.

E-mail: sanzakia@usp.br.

TIAGO RIBEIRO é graduado em Pedagogia e mestre em Educação pela Universidade Federal do Estado do Rio de Janeiro — Unirio. É pesquisador do Grupo de Pesquisa Práticas Educativas e Formação de Professores — GPPF/Unirio/CNPq e integrante da Rede de Formação Docente: Narrativas e Experiências — Rede Formad. É professor do Colégio de Aplicação do Instituto Superior de Educação do Rio de Janeiro (Iserj).

E-mail: trsunirio@gmail.com.